図解決定版　勇気の心理学

アルフレッド・アドラーが

1時間でわかる本

中野 明

Gakken

アドラー語録

勇気と責任

勇気というものは、スプーン一杯の薬のように提供することはできません。責任を引き受ける訓練と、勇気を持つ訓練は、完全に裏表一体なのです。

『アドラーのケース・セミナー』P248

失敗を恐れない

思うに、人が自分のことしか考えられなくなる理由というのは、失敗することを恐れているからではないでしょうか。わたしが成功したのは、劣っているという感覚に刺激されたからにほかありません。

「劣等感ものがたり」（『アドラーの思い出』収録）P218

劣等感は必要

劣等感をすっかり取り除くことはできません。なぜなら、劣等感は、パーソナリティ形成の有用な基礎となるからです。しなければならないことは、目標を変えることです。

『人生の意味の心理学』P95

まず、目標を持つこと

もし、この世で何かを作るとき必要な、建材、権限、設備、そして人手があったとしても、目的、すなわち心に目標がないならば、それらに価値はないと思っています。

「劣等感ものがたり」(『アドラーの思い出』収録)P224

目標が変われば人格も変わる

われわれが直せるのは、彼の具体的目標だけである。目標が変われば、精神的な習慣や態度も変わるであろう。もはや古い習慣や態度は不要になり、彼の新しい目標に適した新しいものが古いものにとって代わるであろう。

『人生の意味の心理学』P73

人間の価値

一人の人間の価値を形成するのは、社会の分業のなかでその人に割当てられた場を、その人がどのように果たすかということである。

『人間知の心理学』P139

他者への貢献

われわれの有意味性はすべて、他者の生に貢献することのなかに本質を持つのだということを悟らないならば、われわれは常に間違いを犯すのである。

『人生の意味の心理学』P8

共通の利益、全体の福祉

正しい判断を下すために必要なのは、ひとつの普遍妥当性を持つ立場である。われわれにとって、このような立場とは、共通の利益、全体の福祉である。

『人間知の心理学』P196

見る、聞く、話す

われわれは見ること、聞くこと、話すことにおいて他者と結びついている。人は外界に関心を持ち、他者と結びついている時にだけ、正しく見、聞き、話すのである。

『生きる意味を求めて』P230

仲間に関心を持つ、全体の一部になる

人生とは仲間の人間に関心を持つこと、全体の一部になること、人類の福利にできるだけ貢献することである。

『人生の意味の心理学』P8

アドラー語録

はじめに

心理学「最後の巨人」――その実像とは

ジグムント・フロイト、カール・グスタフ・ユング、そしてアルフレッド・アドラーといえば、19世紀が生んだ心理学の3巨人とも言える人物たちです。かつてはこの3人のうち、アルフレッド・アドラーが最も地味な存在でした。しかし、近年再びアドラーに対する注目が急速に高まり、いまやフロイトやユングをはるかにしのぐ人気になっています。

とはいえ、なぜアドラーがこれほど注目されるようになったのでしょうか――。

第二次世界大戦後、農業から工業へと大量の労働者が移行しました。並行して起こったのが核家族化であり、さらにこれは個人主義化へと進みます。しかし個を徹底して重視する人であっても社会との関係を取り結ばなければなりません。なぜなら、ほかの人との関係なしに人は社会生活を営めないからです。

ところがその社会が、いまや深刻な分断に直面しています。それは信条の違う者同士が互いを理解しようとせず、めいめいが身勝手に振る舞う状態です。特に2017年にアメリカでトランプ大統領が誕生して以来、社会の分断は深刻さの度合いを増しているようです。この現実を見るにつけ、私たちの社会に明るい未来はあるのかとさえ思えてきます。

混迷が深まる中、それでも人は社会の一員として生きなければなりません。**できるならば社会の分断を解消し、誰もが心安らかに暮らしたいに違いありません。そのためのヒントはないのでしょうか。実はその1つとして注目されるのがアドラーの提唱した「共同体感覚」です。**共同体感覚についてはのちに詳しく説明しますが、現在、アドラーがこれほどの人気を博すのは、社会の分断を癒やす処方箋として、人々がこの共同体感覚を無意識のうちに求めているからではないでしょうか。

もっとも本書は、アドラーが注目される背景の解明を目的にしているのではありません。心理学者アルフレッド・アドラーとは一体どのような人物で、どのような主張を展開したのか——。この点を明らかにするために書いたものです。

そもそもアドラーを体系的に理解しようと思うと、これがかなり困難な作業になります。それには理由があります。

アドラーは書くことがあまり得意ではありませんでした。「書く人」ではなく「語る人」でした。主要著作のほとんどは自分の教え子やフリーランスの編集者によってとりまとめられたものでした。

それらはアドラーが行った講義やノートを中心に編まれたものでしたから、どうしても体系的なものにはなりにくく、また、異なる著作で同じ内容が繰り返される結果になってしまいました。そのためアドラーの著作を体系的に理解して、アドラー理論の構造を把握するのは、なかなか至難の業であるわけです。

そこで本書です。本書はアドラーが主張した理論を体系的に理解するための枠組みを示しました。その枠組みとは次のとおりです。

●（Chapter2）人間は本来的に劣等感を持つ存在であり、劣等感を補償するために共同体を形成した。

●（Chapter3）人間は目標を持って生きる存在であり、人にはそれぞれの生き方（ライフスタイル）があり、劣等感はライフスタイルを形成する強力な動機づけになる。

●（Chapter4）その人のライフスタイルと共同体の価値を合致させると、アドラー心理学の最重要コンセプトである共同体感覚が生まれる。

●（Chapter5）幸福な人生を営むには共同体生活・仕事・愛という3つの課題に、共同体感覚を基礎にして取り組まなければならない。

●（Chapter6）詰まるところ不適切なライフスタイルに気づき、新たな目標へ一歩踏み出す勇気を与えるのがアドラー心理学である。

いわば、**「劣等感」「ライフスタイル」「共同体感覚」「人生の3つの課題」「勇気」**という5大キーワードをそれぞれの章に配置し、これをもってアドラー心理学をひとさらえに理解しようとするのが本書の態度にほかなりません。

さらにその準備として、全体を概括してアドラー心理学およびアドラー本人を把握する章を設けました（Chapter1）。

本書の初版は2014年に出版されましたが、右のようなアプローチでアドラー心理学を解説した書籍は、現在に至るまでもないように思います。

読者の皆さんがアドラー心理学を理解する上で、本書が少しでもお役に立てるとともに、仮にわずかであっても社会の分断解消に貢献できれば、本書の使命は達成されたことになります。これが本書再刊にあたっての筆者の最大の願いでもあります。

2023年1月　筆者識す

Chapter 1

アドラー心理学とは何か

Chapter 2

アドラー心理学のカギ「劣等感」

Chapter 3

人間の生き方を決める「ライフスタイル」

Chapter 4

アドラーが提唱した「共同体感覚」とは

Chapter 5

取り組むべき「人生の3つの課題」

Chapter 6

今を生きる〝武器〟としての「勇気の心理学」

Chapter 1

アドラー心理学とは何か

アドラー心理学は、人間が持つ目標を重視します。まずこの点を理解した上で、アドラーの生涯やアドラーと関係を結んだ著名人、アドラー理論と他の思想との関わりについて把握してください。

Theme 1

アドラー心理学の基本的な態度とは何か

アドラー心理学は人が持つ目標を通じて、人の行動や心理を理解しようとします。また、アドラーは自身の心理学を「個人心理学」と呼びました。

人は目標に向かって行動する

アドラー心理学は、「生の神秘的な創造力を理解しようとする努力から発達」した心理学で、その「生の神秘的な創造力」は、

①目標を追求し、達成しようとする欲求

②1つの方向で失敗しても別の方向で成功して補償する欲求

という特徴で表現できる、とアドラーは述べています（『個人心理学講義』）。

つまり、**人は目標に向かって生きるという、このシンプルな考えをベースに人間の行動や心理を理解しようとするのが、アドラー心理学の基本的態度です。** したがって、アドラー心理学では、「その人の目標を知らなければ、その人の行為や行動を理解することはできない」（ドライカース『アドラー心理学の基礎』）という立場をとります。

とはいえ、人間の行動をつぶさに観察していると、一見矛盾する行動が見られるものです。たとえば、母親をとても愛しているのに、大泣きして母親を困らせている子供などはその一例でしょう。

しかしアドラー心理学では、矛盾した行動の根底には、一貫した目的に統一された人格があり、その人格は矛盾を超越すると考えます。いまの子供の例だと、愛している母親の

注意を引きたいから、母親を困らせているのかもしれません。これだと、その子の行動は決して矛盾したものではないことがわかるでしょう。

このように人間の人格は分離不能で統一性を保っているとアドラー心理学では考えます。アドラーはこれを「人格（パーソナリティ）の統一性」と呼びました。

「個人心理学」は「社会心理学」に対峙するものではない

また、**この人格の統一性を強調する意味で、アドラーは自身の心理学を「個人心理学(Individual Psychology)」と呼びます。**「Individual」はラテン語の「individuum」からきていて、「分割されていない（undivided)」「分割できない（indivisible)」の意味を持ちます。

注意したいのは、「アドラー心理学＝個人心理学」は、社会心理学に対峙する用語ではないという点です。

のちに詳しくふれるように、個人心理学は社会との結びつきを極めて重要視しますから、その意味で社会性を強く意識した心理学だと言えます。

ここではまず、パーソナリティの統一性を重視する「アドラー心理学＝個人心理学」は、人間が持つ目標に注目する点を理解してください。

「アドラー心理学」って何？

目標
アドラー心理学は、
「人は目標に向かって生きる」
という考えをベースに
人間の行動や心理を理解する。

アドラー心理学では、人間の人格は分離不能で統一性を保つと考えるから、個人心理学（Individual Psychology）とも呼ぶのである。

Theme
2

「勇気の心理学」と呼ばれるのはなぜか

人を正しい方向に向かわせるため、その人の間違った目標を正し、新たな一歩を踏み出せるように勇気づけをする――それがアドラー心理学です。

「本人の意思で選択した目標」は正すことができる

人が持つ目標は、その人によってまちまち、十人十色です。

アドラー心理学では、人が持つ独自の目標は、人生の早い時期に選択されて形成される、と考えます。

人生の目標がいかに形成されるかについてはChapter3で詳しく述べるとして、ここでは、人生の目標は本人の意思で選択される、とアドラー心理学では考える点を強調したいと思います。

通常、その選択は経験を通じてなされるものであって、本人ですら選択がいかに行われたのか明確には把握していません。しかし選択したのはまぎれもなく本人であり、そこに何らかの意思が働いていることに変わりはありません。そしてあらゆる人は、本人が自分で選んだ目標を前提に行動し、感情を働かせます。

しかし、人が選ぶ目標がいつも適切だとは限りません。知らないうちに不適切な目標、間違った目標を選んでいる場合も当然考えられます。こうした不適切な目標、間違った目標に従って行動すると、その人は社会に適応するのが困難になる、ということは容易に予想できるのではないでしょうか。

社会適応が困難になると当然人は悩むでしょう。しかし多くの人は自分の目標が何なのかを理解していません。また、その目標に従って行動していることも把握していません。したがって、悩みを解決する手段が見つからず、人はさらに悩むことになります。

人が正しい目標に向かうよう勇気づける

ここにアドラー心理学が、「その人の目標を知らなければ、その人の行為や行動を理解することはできない」との態度をとる理由があります。**人を正しい方向に向かわせるには、その人が持つ目標を理解し、目標が間違っていることをその人が理解できるよう促します。**その上で、正しい目標を一緒に見つけ出し、一歩踏み出せるよう勇気づけをすることが欠かせません。

また、間違った目標を持っていたその人も、新しい目標に向けて勇気を持って新たな一歩を踏み出すことが求められます。

右のようなアプローチをとるアドラー心理学は、それがために「勇気づけの心理学」、あるいは「勇気の心理学」とも呼ばれます。

人がより実りの多い人生を楽しめるよう、正しい方向へと私たちの背中を押してくれるのがアドラー心理学です。

「勇気」の心理学

人が正しい目標に一歩踏み出せるよう勇気づけるのが、アドラー心理学なのだ。

Theme 3

個人心理学の生みの親アドラーの生涯

アルフレッド・アドラーは1870年にオーストリア=ハンガリー帝国で生まれ、第二次世界大戦前の1937年に67歳で亡くなりました。

一般医療から精神科医への転身

アルフレッド・アドラーは、1870（明治3）年2月7日、オーストリア＝ハンガリー帝国のウィーンに近いルドルフスハイムに、ユダヤ人の父レオポルド、母パウリーネの次男として生まれました。4歳頃、アドラーは弟の死に遭遇し、また5歳頃にはアドラー自身が肺炎で死の瀬戸際に立たされる経験をします。このような体験からアドラーは、死を克服する職業、すなわち医者を目指します。

1895年、アドラーはウィーン大学で医師の資格を取ると、眼科医として働き、その後、一般医療に従事しました。1898年には、ツェーリンガッセ7丁目のレオポルトシュタット地区に自分の病院を開業しています。

やがて**アドラーは心理学に関心を寄せ、1902年には精神科医ジグムント・フロイトの誘いを受けて、フロイトが主宰する討論グループに参加します。**このグループはやがてウィーン精神分析協会へと発展しました。

このグループに参加していたため、アドラーはフロイトの弟子だと勘違いされることがあります。しかし本人も強調するように、アドラーとフロイトはいわば同僚の関係でした。

しかし、自説を支持しない人物を排除するフロイトは、別の学説を主張するアドラーを疎んじるようになり、1911年、結局両者は袂《たもと》を分かちます。アドラーは自由精神分析協会を設立し、翌年には会の名称を個人心理学会と改称します。また、フロイトとの関係が険悪になった頃から、アドラーは診療所での治療をやめ、精神科医に専念していました。

アメリカで大きな支持を得たアドラー心理学

第一次世界大戦中、徴兵されたアドラーは従軍医師となり、戦後はウィーンに世界最初の児童相談所を開設しています。また、1920年代半ばにはアメリカを初めて訪れ、やがてオーストリア国内でファシストの勢力が増す中、1929年にアメリカ永住を決意します。

アメリカでのアドラー人気は高く、同地で1927年に出版した『人間知の心理学』は、ベストセラーを記録しました。1930年代半ばまでにアドラーは、アメリカで最も収入のある講演家としてお抱え運転手付きの高級車で各地を飛び回ります。

ワーカホリック気味だったアドラーは、1937年、講演でヨーロッパへ出向きます。この頃のアドラーは、ロシア政府に拉致された長女のことで心を痛め、体調もすぐれませんでした。スコットランドのアバディーンで講演予定だった5月28日の朝、ホテルから散歩に出かけた際、心臓発作で倒れ、救急車の中で息を引き取りました。享年67歳でした。

アルフレッド・アドラー略歴

楽観主義者
でした。
ユーモアが
閃光のように
ひらめく人。
ユニークな風貌。
大きな卵形の身体に
小さな卵形の顔が
のっかってる感じ。
エドガー・アラン・ポー
やコナン・ドイルが
好きでした。

アルフレッド・アドラー
（Alfred Adler／1870-1937）

年	歳	出来事
1870	0	オーストリア＝ハンガリー帝国のルドルフスハイムに生まれる
1888	18	ウィーン大学医学部に入学
1895	25	ウィーン大学で医学博士の学位を取得する
1897	27	ロシア系ユダヤ人ライザ・エプスタインと結婚する
1898	28	ツェーリンガッセ７丁目レオポルトシュタット地区に自分の病院を開業
1902	32	フロイトが主宰する討論グループに参加する
1907	37	『器官劣等性の研究』を刊行する
1911	41	フロイトと決別。自由精神分析協会（のちの個人心理学会）を設立
1916	46	1914年に第一次世界大戦勃発。この年、軍医として召集される
1922	52	ウィーンに世界最初の児童相談所を開設する
1926	56	初めてアメリカを訪れて精力的に講演する
1927	57	『人間知の心理学』出版。アメリカでベストセラーに
1930	60	1930年代半ばまでにアメリカで最も収入のある講演家になる
1935	65	ニューヨークに住む（永住権申請は1933年）
1937	67	講演旅行中にスコットランドのアバディーンで急逝

Theme

4

アドラーと同時代を生きた人々

友達作りの名人だったアドラーの周囲は、いつも友人で賑わっていました。社会主義者だった彼はトロツキーとも親交を結びました。

フロイトやユングは同時代人であり、同僚でもあった

アドラーと同時代を生き、アドラーとの関係が深かった著名人の筆頭はやはりジグムント・フロイトでしょう。ただし、前節でもふれたように、アドラーはフロイトの弟子ではありません。また、深い交流を結ぶこともありませんでした。

人間性心理学の生みの親で欲求階層論を提唱した心理学者アブラハム・マズローが、ある日アドラーとホテルで食事をした際に、アドラーはフロイトの弟子だったのかという意味の質問をしました。するとアドラーは顔を真っ赤にして怒り出し、「一度もフロイトの学生であったことも弟子や門人であったことはなく、つねに独立した医師であり研究者だった」（ホフマン『アドラーの生涯』）と大声で言ったといいます。

また、アドラーがウィーン精神分析協会に参加していた同時期、集合無意識の理論で分析心理学を打ち立てる心理学者カール・グスタフ・ユングも会員でした。しかしアドラーはユングとも深く交わることはなかったようです。

アドラーは社会主義思想の持ち主だったため、友人には多くの社会主義者がいました。中でも一時期ウィーンに滞在したレフ・トロツキーとは家族ぐるみのつき合いをしていました。また社会主義者でウィーンの教育改革者だったカール・フルトミューラーは、アド

ラーの生涯にわたる友人であり、思想的にも大きな影響を及ぼした人物です。のちにアドラーは子供の教育に心理学の知見を用いる児童相談所を設けますが、これはフルトミュラーの影響を抜きにしては語れないでしょう。

また、アドラーの理論面に影響を及ぼした人物としては、哲学者ハンス・ファイヒンガーの存在があります。ファイヒンガーの思想は、目標やライフスタイル（Chapter3参照）という虚構が人生に決定的な役割を演じる、というアドラーの考えに影響を及ぼしたようです。

アドラー心理学を広めた人々

一方、**アドラーの影響を受けた心理学者としては、先のマズローのほかに、アメリカでアドラー心理学の普及に尽力したウォルター・ベラン・ウルフやルドルフ・ドライカースがいます**。前節でもふれたアドラーの著作『人間知の心理学』は、ウルフがアドラーの講義をまとめて英訳出版したものです。また、ドライカースはアルフレッド・アドラー研究所を設立して、アメリカでのアドラー心理学の発展に貢献しました。

アドラーの娘アレクサンドラ、息子クルトは、ともに精神科医となり、アドラー心理学の普及に尽力しました。

アドラーを取り巻く人々

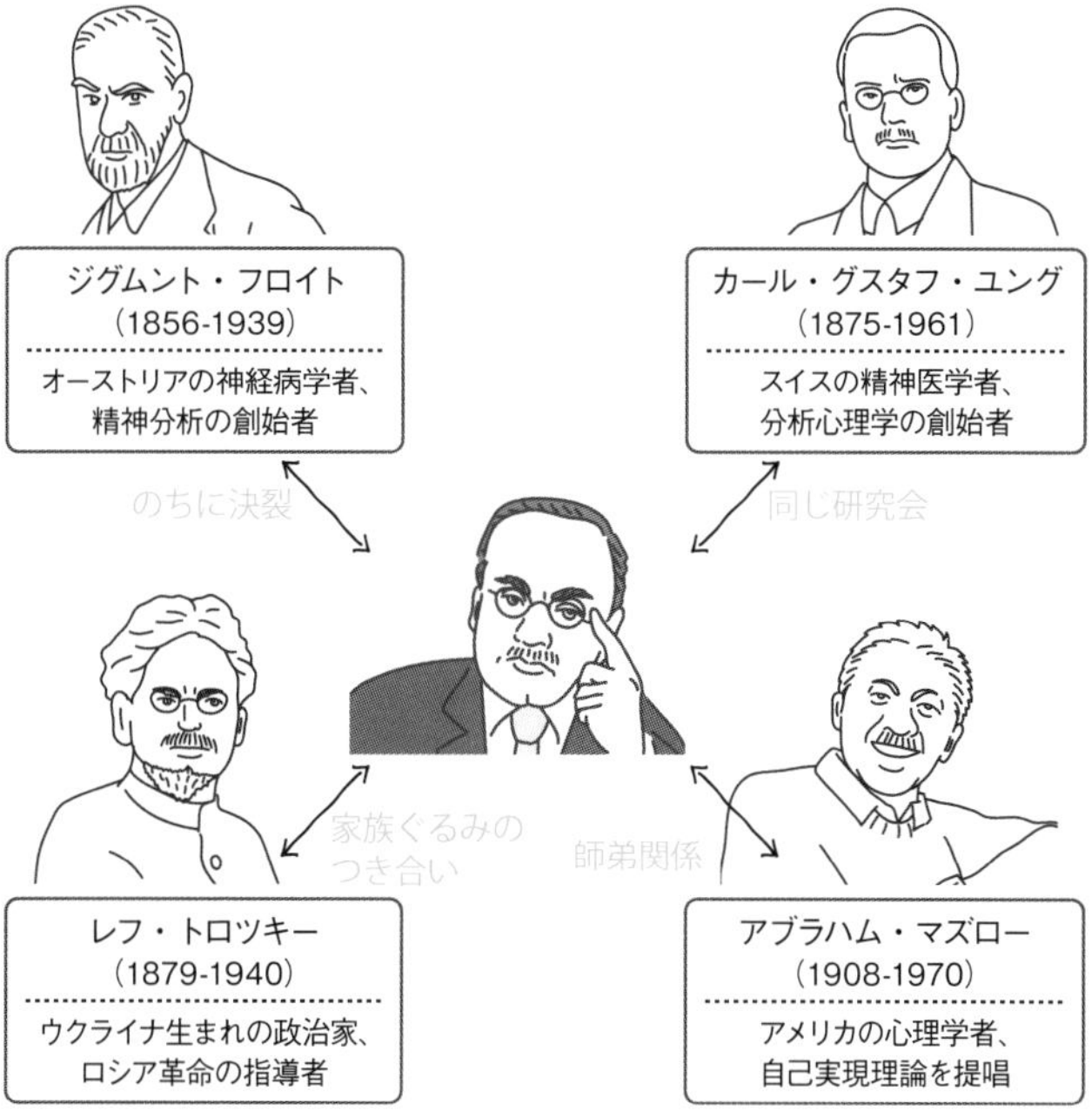

私は友達作りの名人だった。ただ、兄のジグムントとは仲が悪く、『夢判断』のジグムントとも仲違いした。

Theme

5

アドラー心理学とドラッカー理論の共通点

アドラー心理学は、結果的に多くの学説や理論に影響を及ぼしました。あのドラッカーの理論にもアドラーの理論との親和性が見られます。

「目標」に注目したアドラーとドラッカー

「マネジメントを発明した男」とも呼ばれるピーター・ドラッカーの理論をつぶさに見ていくと、アドラーが主張した理論との共通点が意外に多いことに驚きます。

ドラッカーのマネジメント論では、組織を社会の器官（オーガン）と定義します。すなわち組織は、ある特定の社会目的を実現することで、社会や地域、個人のニーズを満たすために存在する、とドラッカーは考えました。

ドラッカーが言う、組織が持つ社会目的とは「使命（ミッション）」、さらにはざっくりと組織の目標と言い換えてもいいでしょう。そして組織が成果を上げるためには、組織が持つ目標を理解することが最重要になります。なぜならその目標の理解なしに社会や地域、個人のニーズを満たせないからです。

またドラッカーは、組織のみならず、組織に所属するメンバーについても目標の重要性を説きました。自己啓発書の古典『経営者の条件』の中でドラッカーは、「目標と管理の自己マネジメント」、いわゆる「目標管理」という考え方を提唱しています。

目標管理では組織に属する人が、組織の目標を理解し、組織がその目標を達成するために、自分自身が何に対して、どれくらいの貢献をするのかを明らかにします。これが目標です。そしてこの目標をどの程度達成したのかを定期的に検証して、それを次の行動に**フィードバック**します。以上はドラッカーのマネジメント論の基礎に相当します。

いかがでしょう。アドラーは、人の行動や心理を理解するには、その人の目標を理解しなければならないと言いました。一方、ドラッカーは、組織や人が成果を上げるには、その組織や自分が持つ目標に着目せよ、と言います。

対象のとらえ方や範囲は異なりますが、目標の重要性を理論の柱にしている点で、アドラーとドラッカーは共通の着眼点を持っていたように思います。

「貢献」に注目したアドラーとドラッカー

またのちに詳しく述べるように、**人はおしなべて共同体に所属し、よって共同体への貢献が社会的に有用な人になるためのカギだ、とアドラーは考えました。ドラッカーも組織による社会への貢献、人による組織への貢献が利益に通じると説きました。**このように個が全体に貢献する態度を重視する点でも、両者の見解は見事に軌を一にします。ただし管見ながら、ドラッカーの著作にはアドラーの名は一度も登場しません。

ちなみにドラッカーもアドラーと同じくオーストリア＝ハンガリー帝国に生まれました。またのちにドラッカーはアメリカに移住しますが、この点もアドラーと共通します。

ドラッカーも目標を重視した

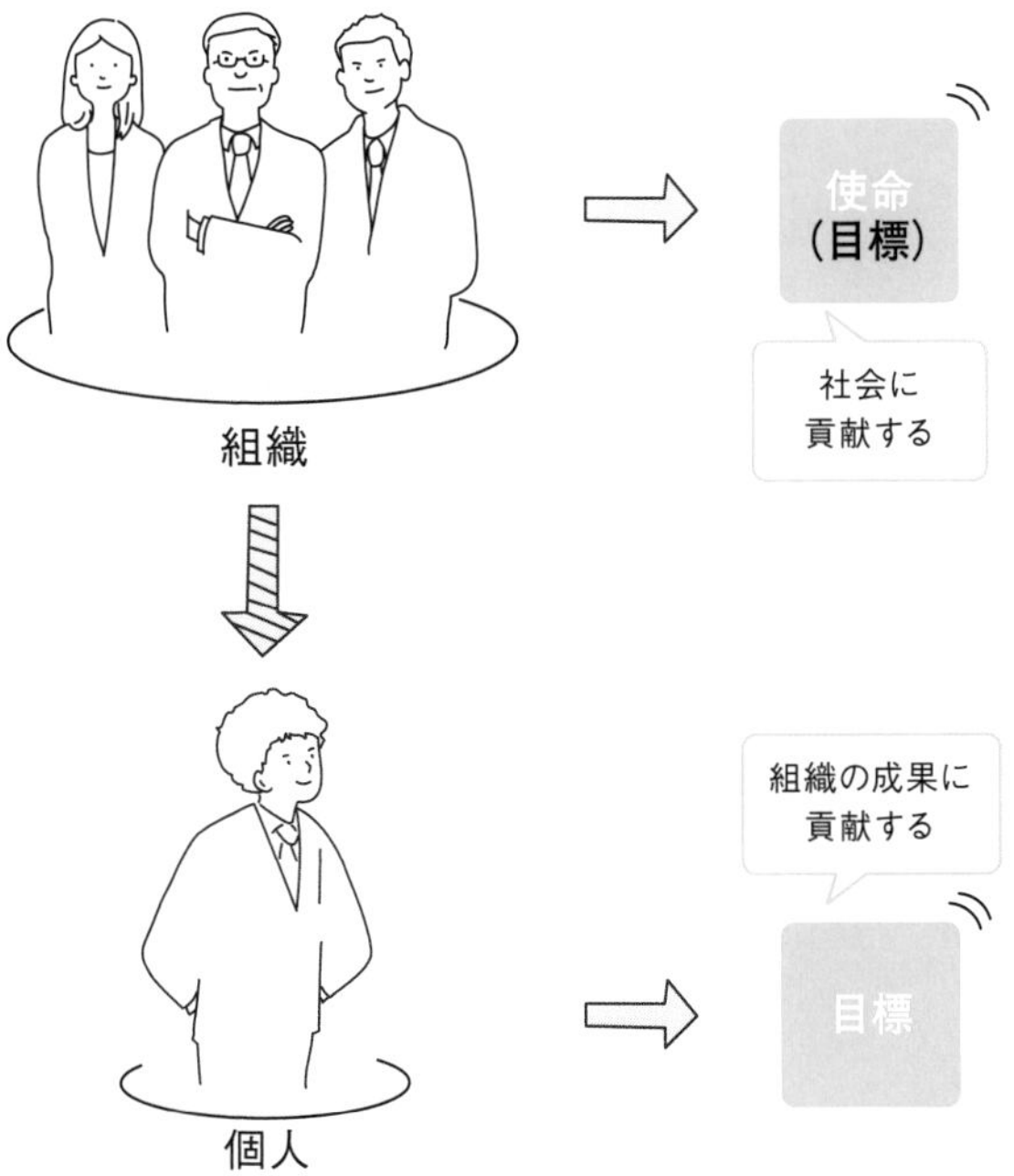

ドラッカーも私と同じオーストリア＝ハンガリー帝国生まれである。アメリカに移住したのも同じだ。ただし彼は 1909 年生まれだから、私とは 39 歳も年が離れている。

Theme

6

「7つの習慣」がアドラー心理学から受けた影響

著名な自己啓発手法にスティーブン・R・コヴィー博士の「7つの習慣」があります。ここには、アドラー心理学の思想が色濃く反映されているようです。

人間が持つべき原理原則を内面化し、公的成功を目指す

いまや著名な自己啓発手法が多数開発されています。スティーブン・R・コヴィー博士の「7つの習慣」もその1つです。

コヴィーは人が成功するには、誠意や謙虚、誠実など人間が持つべき原理原則を内面化することがまず必要だと言いました。コヴィーはこれを私的成功と呼びます。

この私的成功を踏まえて社会と適切な関係を結ぶこと、すなわち外面化することで公的成功を目指します。この私的成功と公的成功を実現する手法を7分類して示したのが「7つの習慣」です（39ページ図参照）。

コヴィーは、私的成功から公的成功に至る道を、依存状態にある人間が、自立した相互依存状態に至る過程として描いています。

つまり依存状態にある人間が、自分の内面を変えることで自立し、その上で良好な人間関係を構築することで社会での成功を目指します。

のちにふれるように**アドラーは、本来社会的動物である人間が、自分の内面にある目標を理解した上で、社会と友好な関係を取り結ぶ重要性を繰り返して述べました。**この点で、コヴィーとアドラーの主張には深い結びつきが見られます。

また、コヴィーの重要な主張の1つに主体性モデルがあります。これは、「人間は刺激と反応の間に選択の自由を持つ」（コヴィー『7つの習慣』）とした上で、この選択の自由に気づくことで、人は主体性を獲得するという考えです。コヴィーのこの指摘は、アドラーが主張した目的論（Chapter3参照）との深い関係が見て取れます。

目的論では、行動の結果は原因によって決まるのではなく、あくまでも自らの選択だと考えます。アドラー心理学ではこの目的論の立場を堅持しており、コヴィーの主張はアドラー心理学の考えと軌を一にしています。

コヴィーがアドラーの理論を念頭に置いていたのかどうかは別として、少なくともコヴィーは決定論者ではなく、アドラーと同様に目的論者だと言えるでしょう。

「自己啓発の父」の言葉に耳を傾ける

ドラッカーやコヴィー以外にも、**デール・カーネギーが円滑な人間関係の構築について述べた自己啓発書の古典『人を動かす』にも、アドラー心理学との共通性が見て取れます。**

このようなことから、アドラーを「自己啓発の父」と呼ぶ識者もいます。

アドラーが現在も色あせないのは、汲めども尽きない啓発の言葉で、今も私たちの心を揺さぶるからなのでしょう。

「7つの習慣」とアドラー心理学

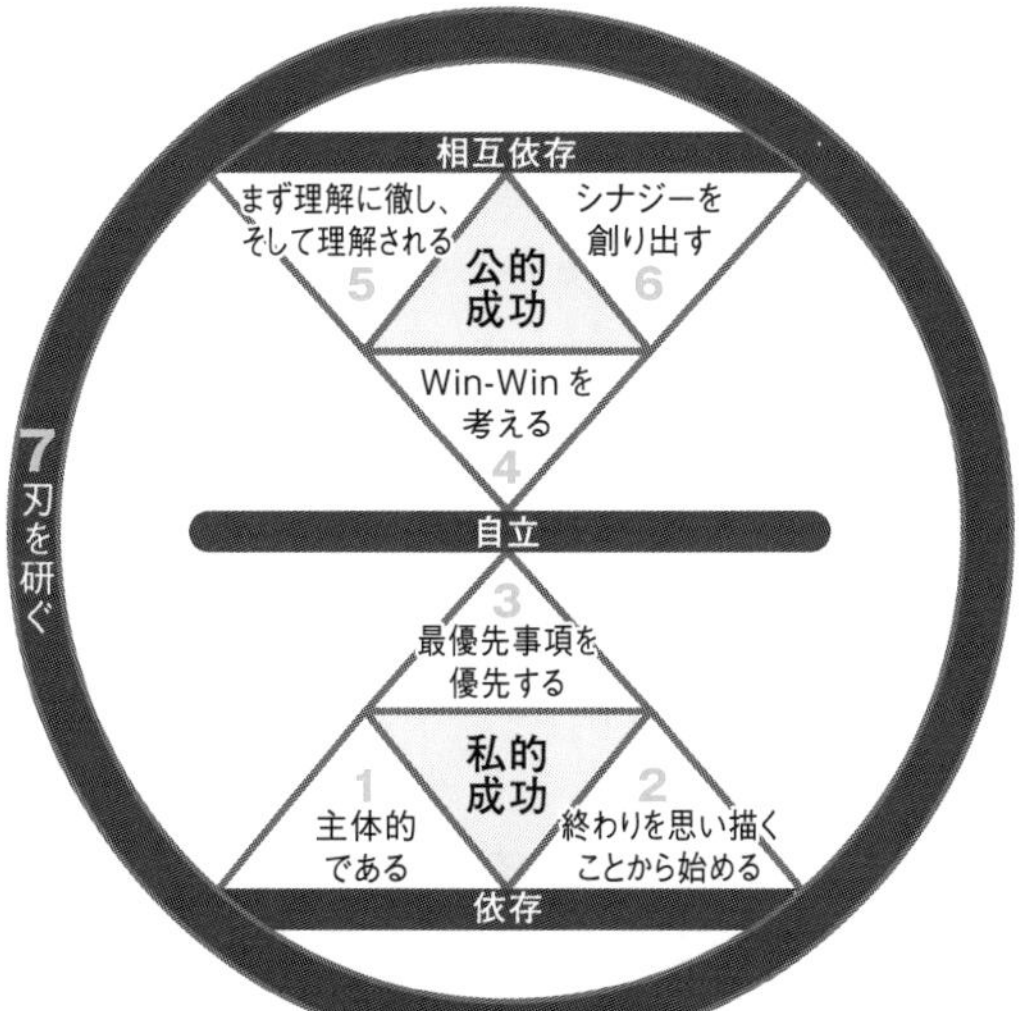

出典／スティーブン・R・コヴィー『完訳　7つの習慣』（キングベアー出版、2013年）を基に作成

人は内面から変わり、その上で社会と適切な関係を結ぶ。コヴィーのこの考えは、アドラー心理学に通じるものなのだ。

Column

アドラーの妻ライザ

アドラーの妻になるライザ・エプスタインはロシア系ユダヤ人で、1873年にモスクワ近郊の大地主の娘として生まれました。ライザは聡明でチューリッヒ大学で学び、当時としては珍しいフェミニストであり、また社会主義者でもありました。

アドラーとの結婚は1897年で翌年に長女、1901年に次女をもうけます。ただ、活動的なライザにとって子育ては苦痛だったようです。ライザは個人心理学会で秘書的な役割を担った時期もありましたが、彼女の興味は心理学よりも政治活動にありました。アドラーがトロツキーを知るようになるのもライザをとおしてです。

2人の関係はだんだんと冷えていき、一時は別居生活をする時期もありました。アドラーがアメリカ永住を決めたときもライザは従おうとしません。単身でアメリカに渡ったアドラーは何度もライザ宛てに手紙を書きました。しかし返事がくるのはまれでした。結局ライザがアメリカ移住を承諾したのは1934年のことで、翌年に海を渡っています。

アドラーは人生の3つの課題の1つに「愛」を挙げています（Chapter 5参照）。アドラーは幾多の困難を乗り越えてライザとの愛を40年間守ったように見えます。しかしライザにアドラーほどの献身があったのか、少々疑問が残ります。

Chapter

2

アドラー心理学のカギ「劣等感」

アドラーは人間の劣等感に注目し、劣等感こそが人間のあらゆる文化を生んだと考えました。劣等感は、人類が集団を形成することと大いに関係しており、アドラー理論の基礎になります。

Theme 1

アドラーはなぜ「劣等感」に注目したのか

アドラー心理学において「劣等感」は極めて重要な位置を占めます。また劣等感から派生した劣等コンプレックスという語はアドラーが生みの親です。

劣等感は悪玉ではない、実は善玉なのである

アドラーの理論では**劣等感**が支柱の1つになっていると言っても過言ではありません。**アドラーは「人間であるとは劣等感を持つことである」（『生きる意味を求めて』）と述べるほどで、そのためアドラー心理学を「劣等感の心理学」と呼ぶことさえあります。**

アドラーの言う劣等感について理解するには、まず「劣等性」と「劣等感」の違いについて理解しておく必要があります。

劣等性とは、人が持つ器官や特徴、行動を他の人と比較した場合に劣っているとする判断です。もっともこれは主観的であれ客観的であれ、単なる判断の1つに過ぎません。しかし、この劣等性に対して負い目や恥を感じると、これが劣等感になります。

アドラーは、程度の差こそあれすべての人は共通して劣等感を持つものであり、私たちは劣等感を取り除くために自分を改善するのだ、と考えました。

いわば人は、劣等感を感じることで、「マイナスに感じる」境遇から「プラスに感じる」境遇へと自分を変えようとし始めるわけです。

このような意味において、劣等感を持つということは、必ずしも悪いことではありません。むしろ、自分を改善する原動力になるという点において、劣等感は悪玉ではなく善玉

だと言えるわけです。

アドラーが劣等感に注目した背景

アドラーが劣等感に注目するようになったのは、幼少の頃の経験や開業医として患者を診察した経験などが背景にあるようです。

幼少期のアドラーはくる病に悩まされ、全身に包帯を巻く闘病生活を強いられました。2歳上の長兄ジグムントは至って健康だったので、身体を思うように動かせない自分に、アドラーは深い負い目、すなわち劣等感を持ったようです。

また、アドラーが開業した個人病院は、ウィーンのプラター遊園地の近くにあったため、遊園地で仕事をしていた曲芸師や道化師が多数来院しました。彼らの診察をとおしてアドラーは、曲芸師や道化師が自分の劣等性を補うために猛烈な訓練を重ねてきた、という事実を発見します。

このようなことから**アドラーは１９０７年、『器官劣等性の研究』を刊行して、劣等感が神経症の原因になることもあれば、活力と勇敢さを伸ばす要因にもなることを公にしました。**

引き続きこの点をもう少し詳しく解説しましょう。

劣等感は悪者でない

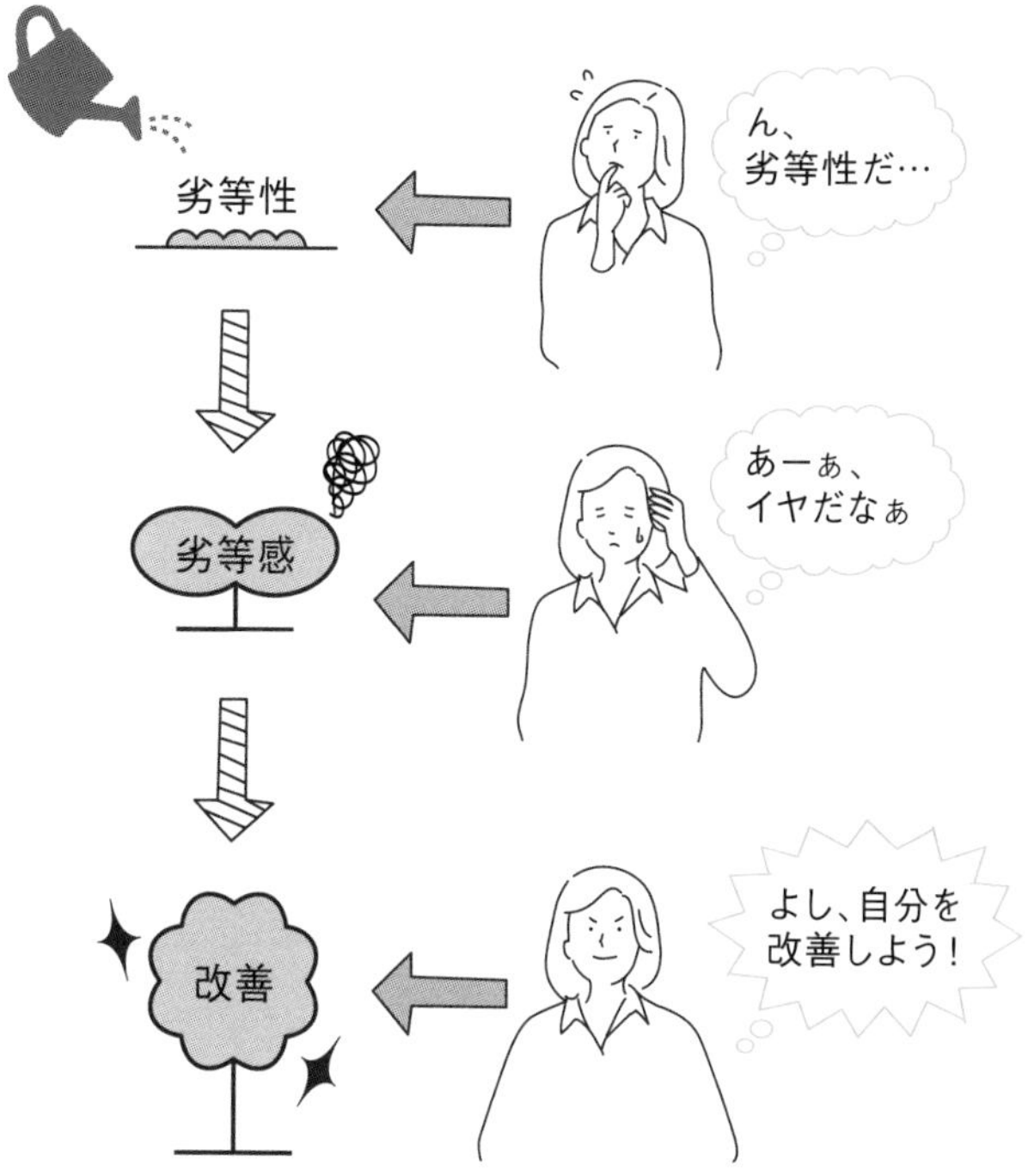

人間はおしなべて劣等感を持つ。これ自体は決して悪いことではない。
重要なのはこの劣等感をいかに扱うかなのだ。

Theme 2

アドラー心理学における「劣等感」の重要性はどこにあるか

人間は生物学的劣等性を持つ動物です。そして劣等性を補うために集団を形成しました。この知見はアドラー心理学の重要な礎となるポイントです。

人類の歴史から劣等感をとらえたアドラー

アドラーの劣等感のとらえ方には特徴的な態度があります。それは人類の長い歴史から劣等感をとらえた点です。この観点はアドラーが自身の心理学を打ち立てる上で極めて重要な働きをすることになります。

アドラーが注目したのは人間が本来的に持つ生物学的劣等性です。

地球上に存在する他の生き物と比較すると、人間は強力な力を有しているわけではありません。大きな身体を持っているわけでもなく、また運動能力が飛び抜けて発達しているわけでもありません。

そこで人類は、この生物学的劣等性を補うために集団を形成するようになりました。人が本来的に群れるようにできているのは劣等性を補うためだと、アドラーは主張したわけです。群れるとは、社会を形成する、と言い換えてもよいでしょう。

右のアドラーの主張を真と認めるなら、社会に所属できない人間は生きていくのが困難——否、限りなく不可能に近くなります。

集団から疎外されて野に追いやられた原人を想起してみてください。彼の人生が極めて困難になることは想像に難くありません。

人類は生物学的劣等性を補うために、集団を形成しただけではありません。防御や攻撃のために創造した道具、体力の代わりに発達させた知性、これらも劣等性を補うための工夫です。

また言葉もそうです。人間が1人で暮らす動物ならば言葉など必要ないからです。人は集団で暮らすからこそ、相手を知り自分を知ってもらうために言葉が必要になります。

道具や知性、文化や宗教、哲学の発達も劣等感から

さらに、知性が発達すると、人間は、宇宙に比べてあまりにも無力な存在で、やがてははかなく死ぬ存在だという新たな劣等感を持つようになりました。これを補うために人間は、芸術や哲学、宗教を生んだのだ、とアドラーは考えます。

考えてみると美の追求は人間の醜さに対する補償ですし、哲学や宗教による思索は人間というはかない存在に対する補償と言えるでしょう。

アドラーはこう言います。

「実際、私には、われわれ人間すべての文化は、劣等感情に基づいているとさえ思われる」

(『人生の意味の心理学』)

この一言からもアドラーが劣等感をいかに重要視したかがわかると思います。

劣等感を人類の歴史からとらえる

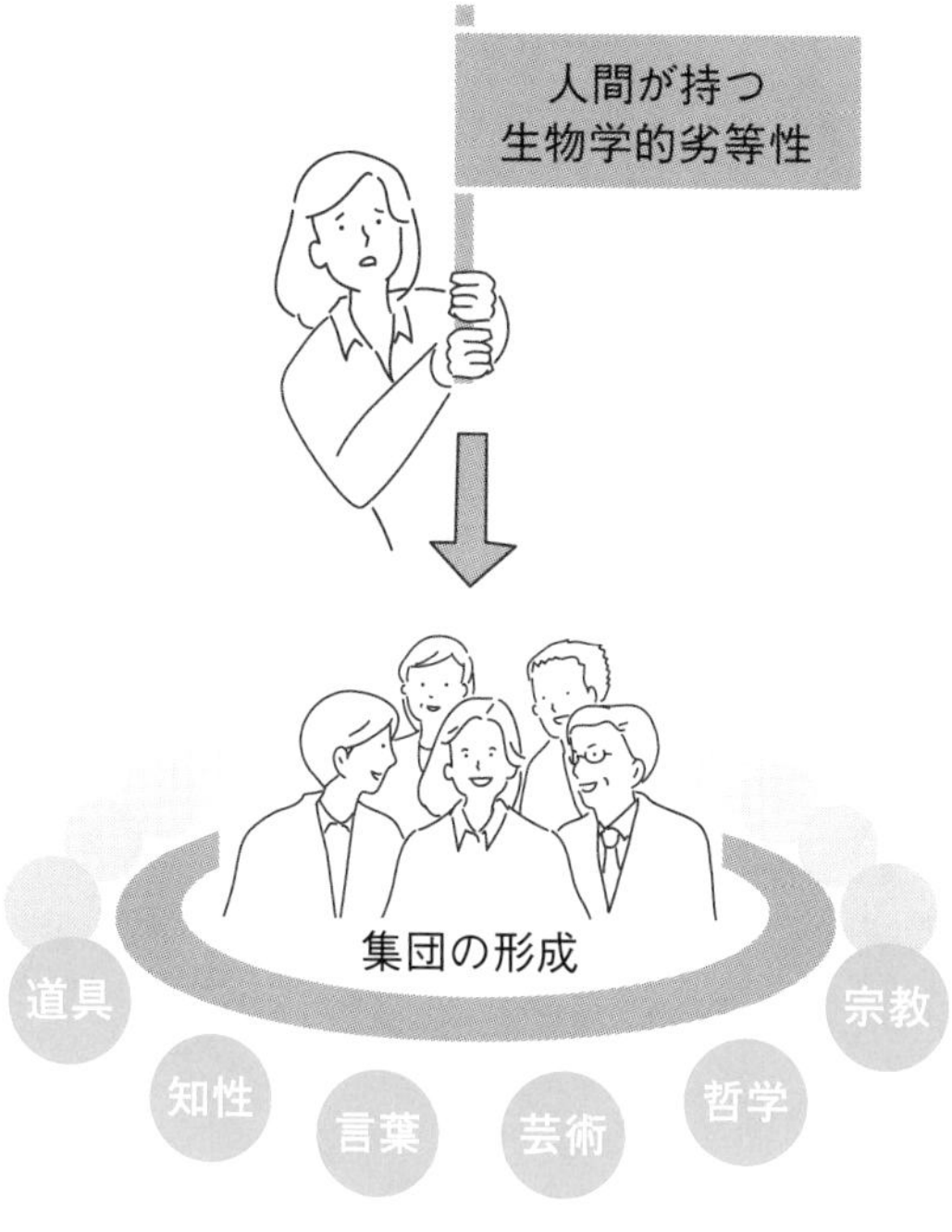

われわれ人間のすべての文化は、劣等感情に基づくものではないか、とさえ私は考えているのである。

Theme 3

劣等感が個人に果たす役割とは

人類全体の劣等感が人類の発展につながったように、個人の劣等感も自分自身ばかりか、人類発展の原動力になります。

個人の劣等感も人類発展の原動力となり得る

人類に共通する劣等感は、集団形成を促したのと同様、人類発展の原動力になりました。これに対して、個人に根ざす個別の劣等感が存在します。たとえば、背が低い、太っている、足が遅い――といった劣等性から個別の劣等感が生じます。

アドラーは劣等感を持った子供に対して、大人がその劣等性を批判したら、その子は神経症になる可能性が高くなると考えました。逆に批判するのではなく勇気づけると、子供たちは劣等性に対処するための意欲と勇気を持つようになるだろう、とも考えました。

こうして劣等感に対して健全な補償が行われ、その補償行為が自分の成長に役立つのみならず、社会の福祉にも寄与するとすれば、**人類共通の劣等感と同様、個別の劣等感も人類発展に役立ちます**。

ところで、いま補償という言葉を何度か用いました。補償とは、人が劣等感を解消するためのあらゆる行動を指します。その背景には、自分の劣等性について、人に笑われたくない、恥をかきたくない、といった恐れの存在があります。

しかしどの程度まで補償を行えば、他人が自分の劣等性に気づかないようにできるのか、その基準がわかりません。そのため、人はときに過剰に補償を行います。これを過補償（または過剰補償）とアドラーは呼びました。

過補償による人類の進歩や発展

過補償の一例を示しましょう。建築家アントニ・ガウディが生前に全精力を傾けた建築物にサグラダ・ファミリアがあります。ガウディは1926年に死にましたが、その後もサグラダ・ファミリアの建築は続き、いまだ完成していません。

サグラダ・ファミリアのフォルムや過剰装飾の異様さもさることながら、ガウディの死後も続くその建築は、まさに「適度」を度外視しています。この点においてサグラダ・ファミリアは過補償の一典型と言ってしかるべきだと私は思います。

しかし過補償が決していけないわけではありません。それはアドラーの高弟ルドルフ・ドライカースが著作『アドラー心理学の基礎』の中で「実際、恐れは、時には目覚ましい業績の動機となり、その業績が人類の進歩や文化の発展に貢献することがあるのです」と述べたとおりです。

その補償行為が社会に寄与するものであれば、過補償の社会への貢献度は、単なる補償以上であることは論を俟《ま》ちません。実際、サグラダ・ファミリアが人類の文化遺産として燦然《さんぜん》と輝いているのはそのためなのでしょう。

サグラダ・ファミリアは過補償の典型か？

劣等感 ⟶ 補償 ⟶ 過補償

アントニ・ガウディ
（1852-1926）

カタルーニャ生まれの
スペインの建築家

われわれは劣等感を過剰に補償しがちである。これを過補償と呼ぶ。ガウディのサグラダ・ファミリアも過補償の一例かもしれない。

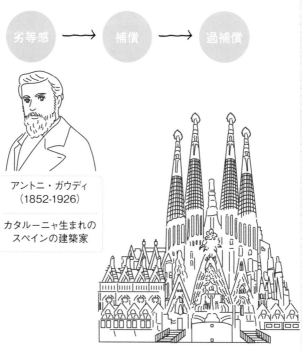

Theme
4

劣等感が負の方向に作用するとどうなるのか

劣等感を意識した人が「マイナスからプラスの状況に到達することを目標」にすれば、劣等感は善玉として働く反面、逆方向に働くこともあります。

悪玉としての劣等コンプレックスが生まれる

劣等感が必ずしもプラス方向に作用するわけではなく、マイナス方向に作用することもあります。この現象は私たちが劣等感を過度に重視する際に起こります。つまり、他人と比較して自分が劣っていると過度に考える態度です。アドラーはこのような態度を劣等コンプレックスと呼びました。

劣等コンプレックスは、多様な形式で人の行動に表れます。たとえば、極度に恥ずかしがったり、臆病になったり、あるいは引きこもったりするのも、劣等コンプレックスの表れです。これらの行動はいずれも、自分の耐えがたい劣等性が白日の下にさらされることを回避する行為だと理解できます。人前で何もしないようにすれば、笑われることは決してないでしょう。その人は傷つくことを避けられます。

注目すべきは、前節で見たプラス方向に作用する過補償と、劣等コンプレックスによる行動とが、コインの表裏だということです。劣等コンプレックスによる極端な行動は、マイナス方向に作用する過補償だと言ってもよいでしょう。

この場合、いずれの行動にも、自分の劣等感を補償しようとする隠れた共通目標があります。ただし、プラスに作用する過補償は、その成果が社会の福祉に寄与するという側面があります。それに対して、劣等コンプレックスによる過補償は社会貢献とは無縁です。その行動は自己利益のみを追求するもので、利益を社会に還元する性質のものではありません。

したがって**劣等コンプレックスを持つ人が正しい方向に向かうには、社会と接点を持ち、社会に貢献する必要があります。**

劣等コンプレックスのバリエーション

アドラーが指摘した男性的抗議も劣等コンプレックスから生まれる行動と理解できます。この男性的抗議には2つの局面があります。

1つは女性が持つ男性的抗議で、これは女性が自分の性に劣等コンプレックスを持つときに生まれます。こうなると女性は女性らしさを捨てて男性的になることを目指します。

また、男性にも男性的抗議は存在します。この場合、男性はより男性らしくなることを目指します。貧弱な男性が武道やボディビルに励むのは男性的抗議で説明できるでしょう。これもやはり劣等コンプレックスから派生したものと考えられます。

アドラーはフロイトの主張したエディプス・コンプレックスも、男性的抗議の一部だと主張したのですが、これはアドラーがフロイトと決裂する決定的な要因になりました。

過補償と劣等コンプレックス

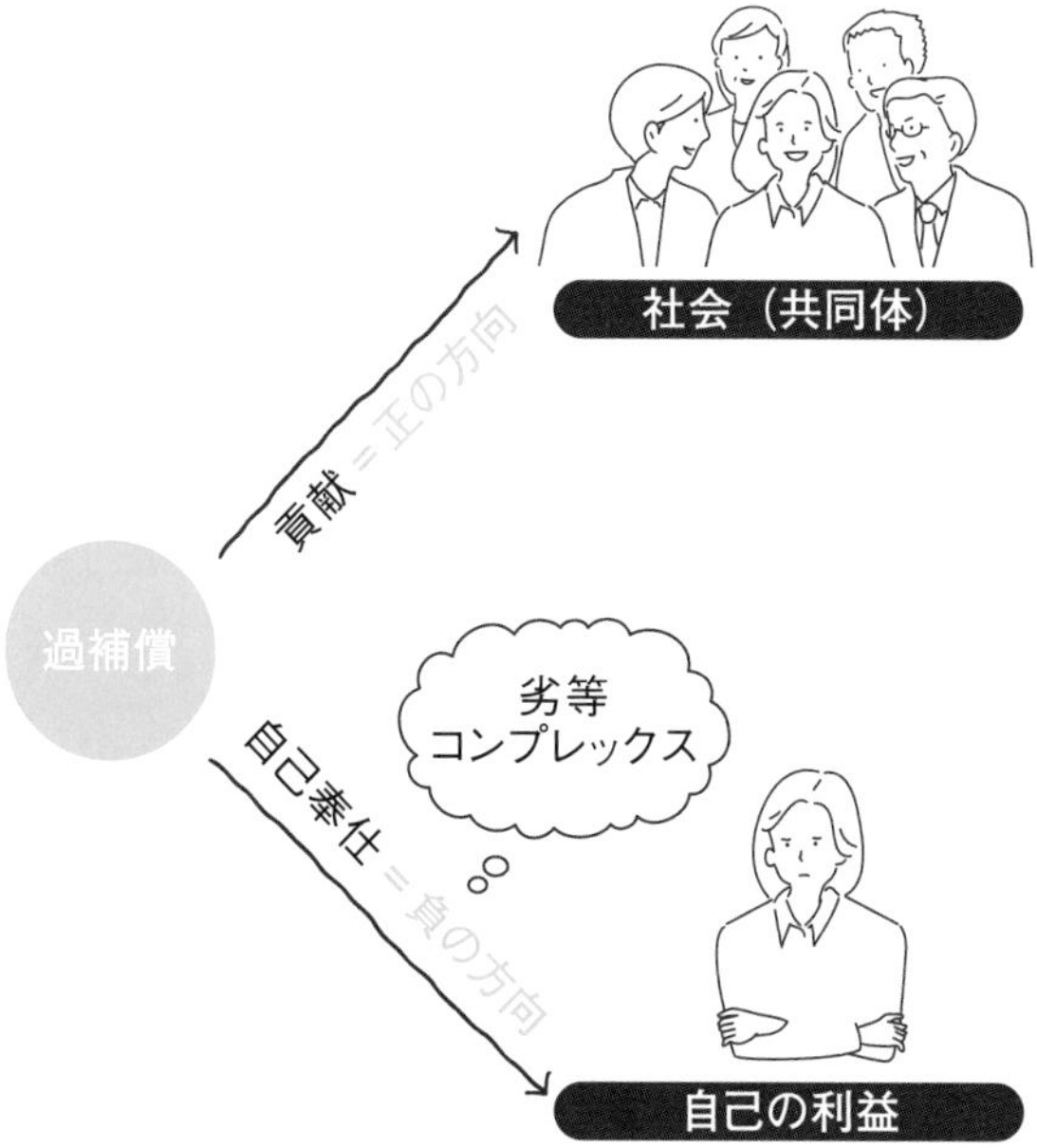

劣等コンプレックスに基づく過補償は、極端な自己の利益の追求に向かう。劣等感の補償は社会貢献の方向に向かわせるべきなのだ。

Theme 5

優越コンプレックスと劣等感に関わりはあるのか

劣等感を過剰に意識すると劣等コンプレックスが生じます。劣等コンプレックスを持った人が用いる行動の1つに優越感による劣等感の補償があります。

優越コンプレックスは劣等コンプレックスから生まれる

ベートーヴェンは若くして難聴となり、やがて聴力を完全に失ったと言われています。しかしベートーヴェンは器官劣等性を乗り越えて名曲を次々に世に送り出しました。劣等感の補償が正の方向に働いた結果です。

しかし劣等感の補償には時間や手間、根気が必要になります。もっと手軽に劣等感を解消できないかと考える人が出てきても不思議ではないでしょう。

そこで登場するのが優越コンプレックスです。これは自分が実際には優れていないにもかかわらず、優れているかのように見せる態度を指します。この**優越感をもって、耐えがたい劣等感を補償するのが優越コンプレックスの正体です。**

もう10年も前の話ですが、2013年に、「現代のベートーヴェン」と賞讃された作曲家が、実は聴力を完全には失っておらず、また作曲も他人に依頼していたことが露呈しました。この自称作曲家も極めて強力な優越コンプレックスの持ち主だったのでしょう。

アドラーが優越コンプレックスを治療した印象深い話があります（マナスター他編『アドラーの思い出』）。ウィリという10歳の少年は教師に消しゴムを投げつける行為を繰り返していました。公開診療の場でアドラーはこの少年にこんなぶしつけなことを言います。

「キミは10歳にしては、小さいんじゃないですか？」

ウィリは憎しみの眼差しでアドラーを睨《にら》みつけます。アドラーは気にせず続けました。

「私を見てください。40歳にしては小さいでしょう。小さい私たちは、自分が大きいことを証明しなくちゃいけないんです。教師たちに消しゴムを投げつけてね」

アドラーはそう言うと、ゆっくりつま先立ちになって、また元に戻しました。

「ウィリ、私を見てください。私が何をしているかわかるでしょ。私は自分を実際よりも大きく見せているんですよ」と言って、アドラーはまたつま先立ちをします。

ウィリはその格好を見て、今にも吹き出しそうになる自分を何とか抑えていました。

ごまかしの優越に用いるパワーを正しい方向に向ける

クラスに復帰したウィリは、アドラーのカウンセリングから3週間後、再び教師に消しゴムを投げつけました。そのとき教師は、ウィリの前に立つと、ゆっくりつま先立ちになって、また元に戻しました。するとその後、彼は何の問題も起こさなくなったそうです。

多かれ少なかれ、私たちにもどこかこの少年に似たところがあるものです。しかし、**ごまかしの優越を表現するのには相当のパワーが必要です**。ならばこのパワーを正の方向に使えば、人生はもっと楽になるのではないでしょうか。

手っ取り早く劣等感を補償する

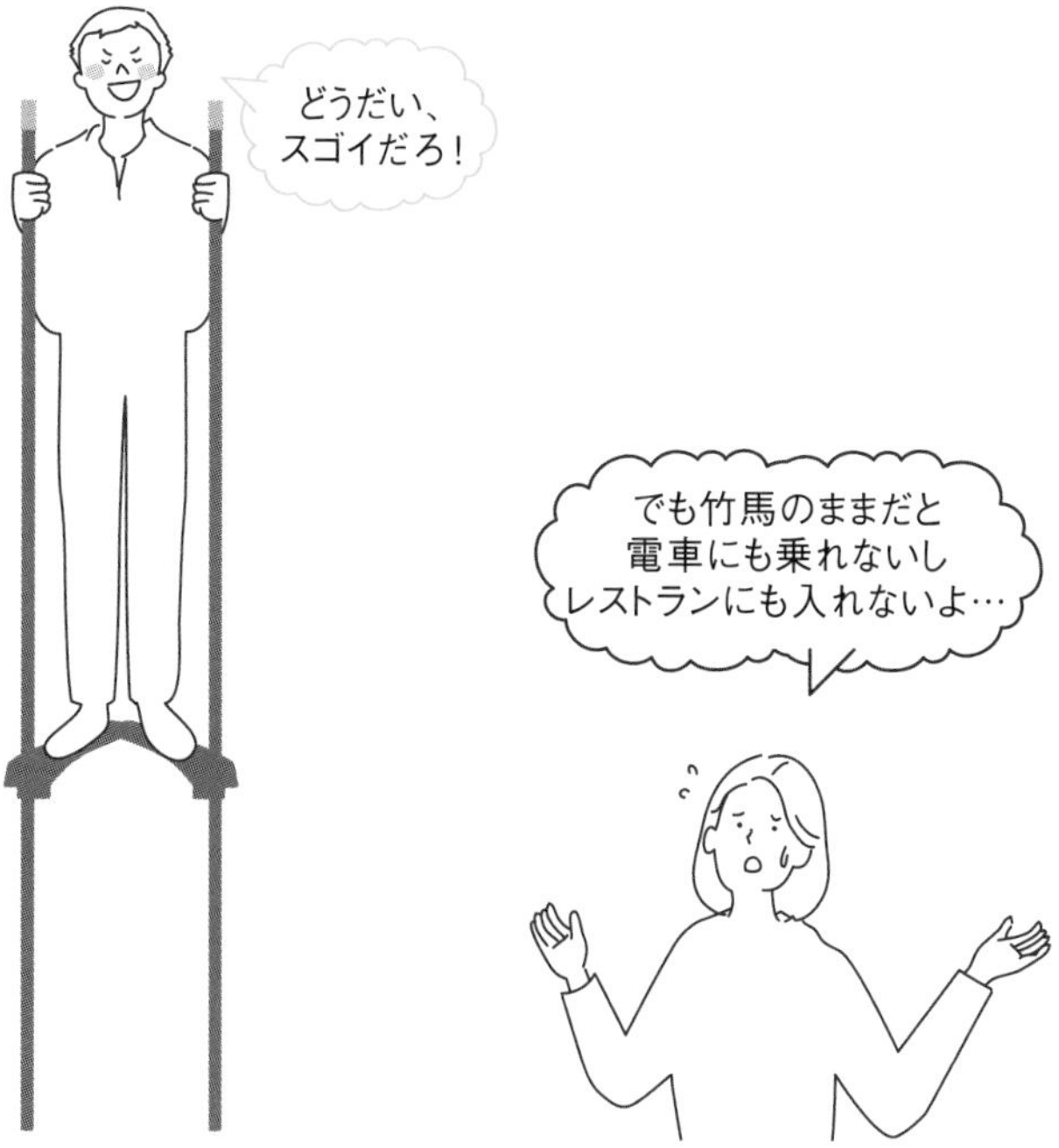
どうだい、
スゴイだろ！
でも竹馬のままだと
電車にも乗れないし
レストランにも入れないよ…

ごまかしの優越にもパワーがいる。そのパワーを正しい方向に向かわせるべきなのだ。

Theme 6

劣等コンプレックスに陥らないようにするには

劣等感は決して不健全なものではありません。重要なのは、劣等感が負の方向に作用した劣等コンプレックスや優越コンプレックスに陥らないことです。

悲観的ではなく楽観的に考えるようにする

自分に何かネガティブな出来事が生じたときに自虐的態度をとる傾向が強いと、劣等感が負の方向に作用する可能性が高まります。心理学者ユーゲン・ゼックミスタらは、劣等感から何もする気が起こらない抑うつ症について次のように述べています。

「抑うつ症になりやすい人は、自分にネガティブな出来事が起こった時、これを習慣的に、内的で（自分のせい）、安定した（いつもそう）、全体的な（なんでもそう）原因に帰属する傾向がある」（ゼックミスタ、ジョンソン『クリティカルシンキング 入門篇』）

私たちは何か失敗すると、「またやっちゃった。どうして私はいつもこうなのだろう。本当に何をやってもダメだ」と、自虐的態度をとりがちです。1の失敗で10を判断する態度とも言えるでしょう。

こうした傾向が続くと劣等感を前向きに受け止められなくなり、行動は負の方向へと向かいます。これは悲観的な態度と言ってもいいでしょう。

これに対して楽観的な人は、成功すれば内的で（自分のせい）、安定した（いつもそう）、全体的な（なんでもそう）原因にとらえる傾向があり、失敗すれば外的で（自分のせいでない）、不安定で（今回だけ）、例外的な（この領域だけの）原因に帰属する傾向があると、ゼックミスタらは述べています。

成功すれば内的要因（自分のせい）、失敗すれば外的要因（他人や環境のせい）と決めつけるのは、あまりにもご都合主義的のように思えます。しかし、ある程度こうした楽観的傾向を持つほうが、劣等感に足元をすくわれなくて済むことは間違いありません。

2匹のカエルの物語

イソップ物語の「2匹のカエル」という話がアドラーのお気に入りだった、と哲学者アルフレッド・ファラウが回想しています（マナスター他編『アドラーの思い出』）。

2匹のカエルがミルクの入った壺に落ちました。1匹は「もうおしまいだ」と溺れ死ぬ覚悟をしました。しかしもう1匹のカエルはあきらめません。何度も足をばたつかせました。そうしたら、意外や意外、何と足でかき回されたミルクがバターに変わり、カエルの足は無事地に着きました――。

アドラーの友人たちは、アドラーがとても楽観的な人物だったと口を揃えます。楽観的だったからこそアドラーは、「2匹のカエル」の話がお気に入りだったのでしょう。

物事を楽観的にとらえるか悲観的にとらえるか、それにより、よい結果も生めば悪い結果も生じる、と考えるべきなのでしょう。

悲観的な人・楽観的な人

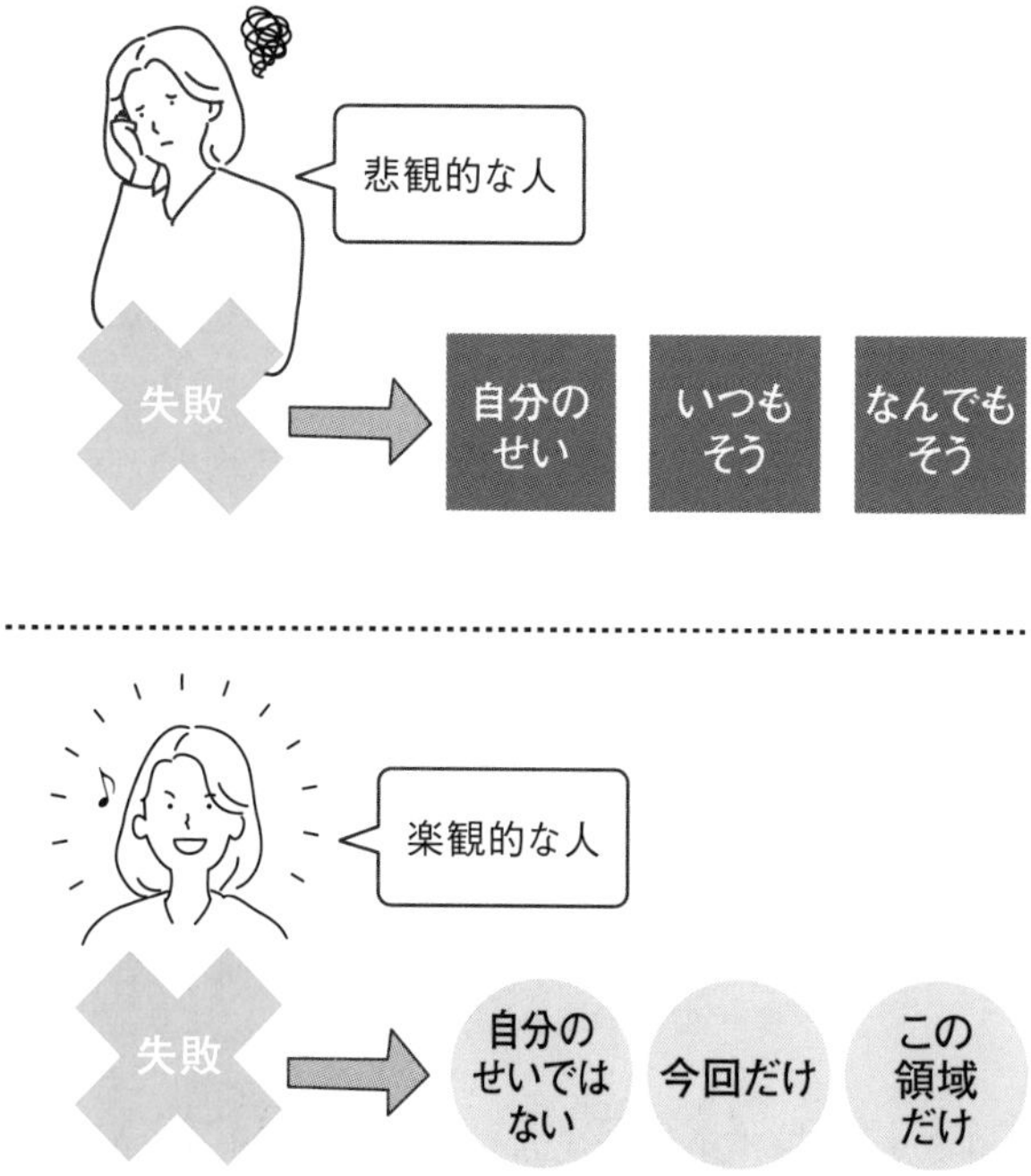

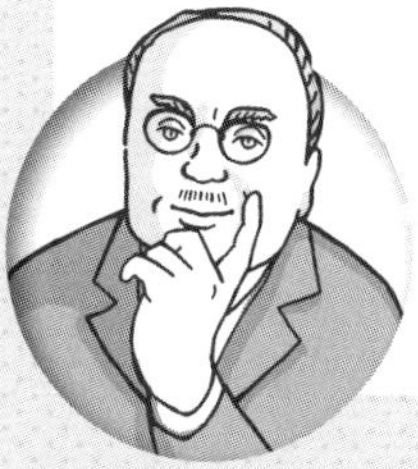

悲観的にならず楽観的に考える。これが劣等コンプレックスに陥らない秘訣である。

Column

フロイトからの招待状

アドラーがフロイトの生徒や弟子だったとする説はフロイト擁護派が流布した風説でした。アドラーが保管していた1902年11月2日付のフロイトからアドラー宛ての招待状から、アドラーがフロイトの弟子でなかったことがわかります。

親愛なる同僚
うれしいことに同僚と弟子の小さいグループが、私の家で週に一度、夜八時半から心理学と神経病理学という興味深いテーマで勉強会を計画しています。ライトラー、マックス・カハネ、シュテーケルがくるのを知っています。参加なさいませんか？　次の木曜日に集まります。おこしいただけるかどうか、そして木曜の晩でご都合がよいかどうか、あなたの好意的なお返事を期待しています。
あなたの仲間として心から　フロイト
（ホフマン『アドラーの生涯』）

アドラーはフロイトの弟子と呼ばれることに不愉快な思いをしたようです。この手紙からアドラーがフロイトの「同僚」であり「仲間」であったことがわかります。

Chapter 3

人間の生き方を決める「ライフスタイル」

目標やその目標を達成するためのアプローチ、態度を含めた概念です。ライフスタイルは人生の方向を決めます。そして再構築できるものでもあります。

Theme
1

アドラー心理学が持つ目的論の特徴とは

アドラー心理学は「人が持つ目標」を重要視するのが大きな特徴です。決定論と比較することで、その特徴がより際立つでしょう。

行動を原因からではなく、目標から考察する

決定論（または原因論）とは、世の中のあらゆる出来事を原因で説明する態度です。この立場では「Aが起こった原因はBにある」のように、何らかの現象が生じた原因を人や物ごとに結びつけます。

これに対して、**人がとる行動はその人が持つ目的や目標に従った結果だと考える立場があります**。決定論とは考え方に大きな隔たりがあるこのような立場を、目的論と呼びます。アドラー心理学では、決定論ではなく目的論の立場から、人間の行動や心理をとらえる点が大きな特徴になっています。

アドラーはこう言います。

「もし、この世で何かを作るときに必要な、建材、権限、設備、そして人手があったとしても、目的、すなわち心に目標がないならば、それらに価値はないと思っています」（『劣等感ものがたり』『アドラーの思い出』）

極めて自明のことながら、確かにアドラーが言うように、「このようなものを作ろう」という目標がなければ、手元に素材があっても何の役にも立ちません。仮にその素材がとても素晴らしいものであったとしてもです。

アドラー心理学では同様の考え方を人の生き方や性格にも適用し、人が生まれつき持っている素質よりも、それをいかなる目的に従って、どう使うかに注目します。

「上手にできないのは素質のせいだ」。このように考える立場が決定論です。これに対して**「上手にできないのは誤った目標のせいではないか」「素質の使い方を間違っているのではないか」と考えるのが、目的論を基礎にしたアドラー心理学です。**

目標がなければ有用な行動も生まれない

右に引用した言葉に続けてアドラーは次のように語っています。

「実際に目標があるとしましょう。水道やあらゆる近代的利便性の備わった10部屋の家屋を建てると想像してみてください。そうしたら、その目標に最もふさわしいように、建材や設備や作業員をまとめて、うまく働かせることができるでしょう。仕事をうまく監督することができるでしょう。なぜなら、あなたは自分がどうしたいかを知っているのですから」（前掲書）

アドラーの言う「家屋」とは、その人の人生と言い換えられます。こうしてアドラー心理学では、「すなわち人間の精神生活というものは、目標によって規定されている」（『人間知の心理学』）とアドラーが言うように、目標の重要性を徹底的に強調します。

決定論と目的論

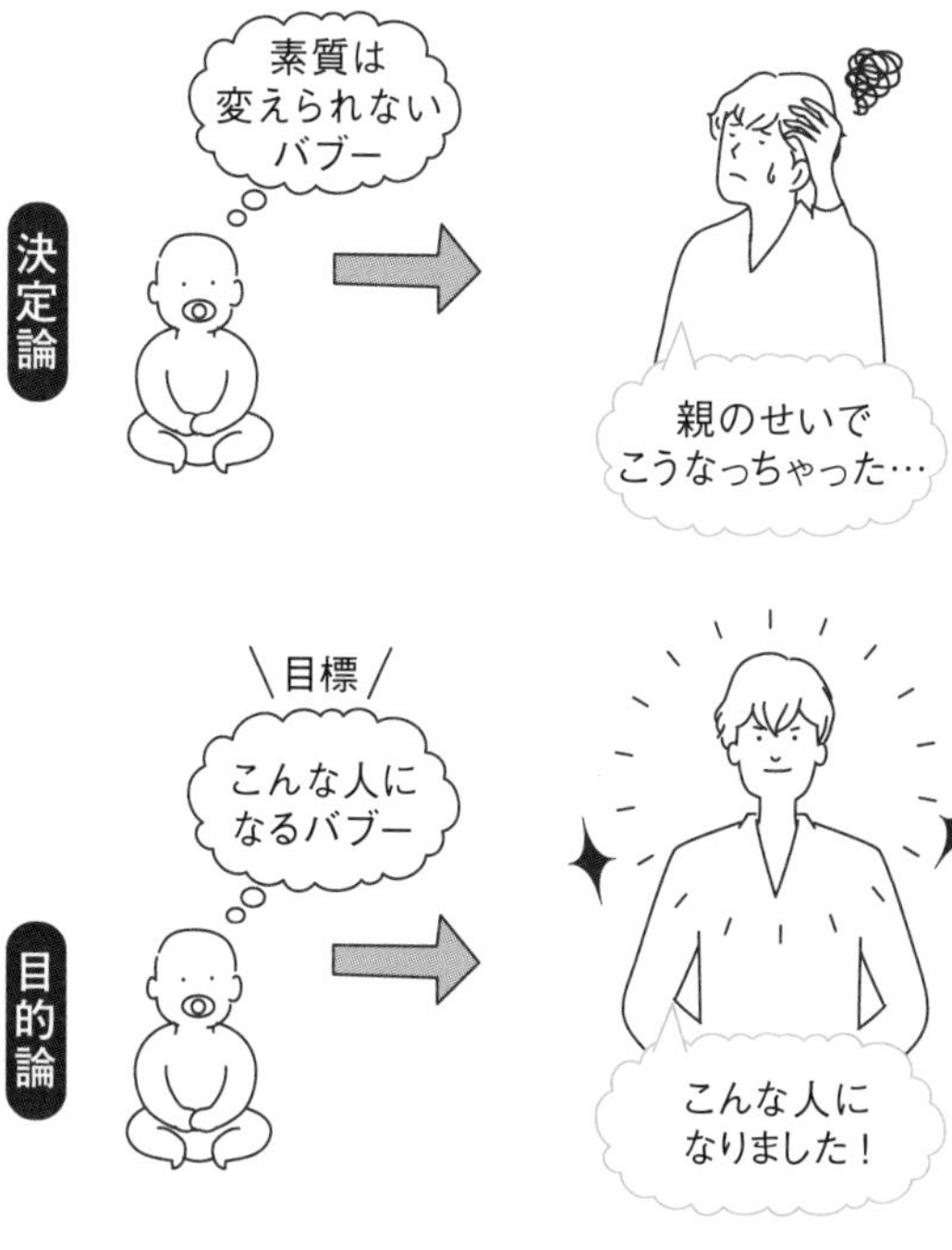

重要なのは素質ではなく、自分が持っている素質をいかに使うかである。「いかに」を考えるには目標が必要になる。

Theme 2

人は固有の目標やライフスタイルをいかに形成するのか

人はあくまでも自ら選択した固有の目標やライフスタイルを持ちます。これらはいわば虚構、または仮定されたものであるため、再構築は可能です。

知らぬうちに形成される人の目標やライフスタイル

1章2節でも述べたように私たちは、自分自身が持つ人生の根本的な目標を、実は十分に理解していません。これは、その人固有の根本的な目標が、その人の幼児期に、その人も知らぬうちに形成された、という点が大きな影響を及ぼしているようです。

アドラーは幼児期に形成されるその人の根本的な生への態度、言い換えると人生をどのように意味づけしてどのように生きるかというその人独自の生き方を、ライフスタイルと呼びました。ライフスタイルは、その人の人生の目標や目標へアプローチするための態度までを含めた、単なる目標よりも大きな概念だと考えるとわかりやすいでしょう。

アドラーは目標やライフスタイルが幼児期の4、5歳までに形成されると考えました（近年のアドラー心理学では10歳頃まで）。ライフスタイルの形成には、生物学的な諸要因やその人を取り巻く環境の諸要因が影響を及ぼします。しかしながら、その諸要因に意味づけをし、ライフスタイルを形成するのは、あくまでもその人本人の選択です。

家庭が貧しいからひねくれた性格になった、と言う人がいます。一方で、家庭が貧しいがために辛抱強い性格になった、と言う人もいます。

決定論で考えると、家庭が貧しければ結果は同じでなければなりません。しかし目的論で考えると、貧しさは環境の諸要因の1つであり、それに対する意味づけはその人の態度によって異なります。貧しさをひねくれた性格作りに結びつける人もいれば、辛抱強い性格作りに結びつける人もいるわけです。

このように私たちは、経験したことに与える「意味づけ」によって見方を変える存在であり、その結果、人生も変わるわけです。そしてこの意味づけの傾向こそがその人のライフスタイルにほかなりません。

虚構としてのライフスタイル

またこのライフスタイルは、各人の創造物である点に注意すべきです。その人の選択や意味づけによって形成されたものですから、いわばライフスタイルは1つの虚構であるわけです。本来地球に子午線は存在しない、とアドラーは言います。虚構です。しかし仮定された子午線は、私たちに大きな恩恵を与えてくれます。

同様のことはライフスタイルにも言えます。**ライフスタイルは私たちの生き方に方向づけをします**。社会に適応できない不適切なライフスタイルを持っている場合、仮に本人がそのことに気づいたとしたら、そのライフスタイルを再構築することは可能です。なぜならライフスタイルは虚構なのですから。

ライフスタイルは虚構だけれど有用

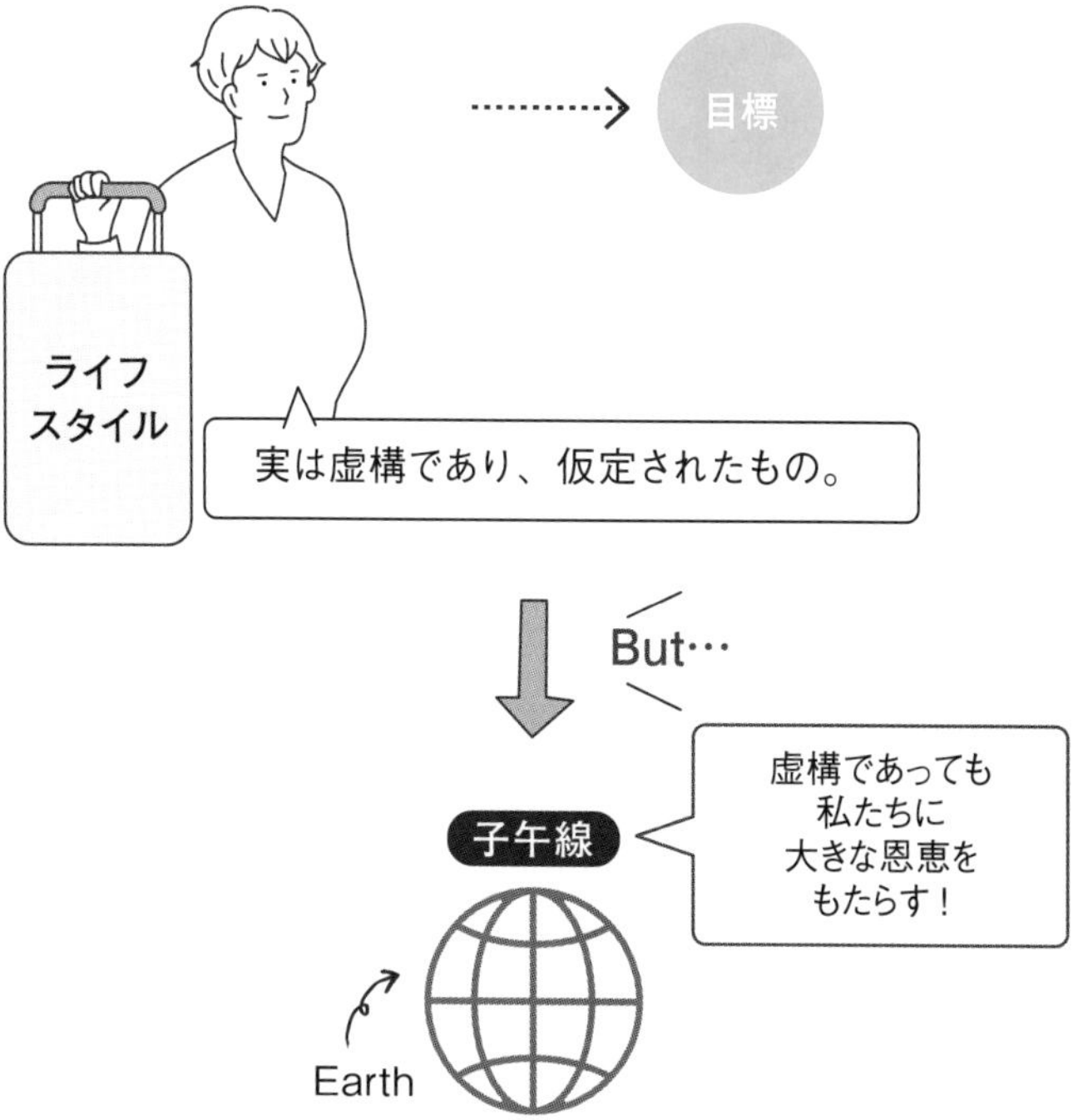
目標
ライフ
スタイル
実は虚構であり、仮定されたもの。
But…
子午線
虚構であっても
私たちに
大きな恩恵を
もたらす！
Earth

ライフスタイルは虚構である。だから不適切な
ライフスタイルは再構築が可能なのだ。

Theme 3

甘やかされて育った人のライフスタイルとは

アドラーは、甘やかされて育った人が不適切なライフスタイルを持つ可能性が高いことを繰り返し述べました。甘やかしはなぜ問題なのでしょうか。

幼児期に決まるライフスタイル

子供の甘やかしは、親が子供を支配したい、という隠れた目標から生じる場合が多々あります。「彼女は、子供を彼女に全く依存するものにし、子供が常に彼女に縛りつけられたものになるよう子供の生を支配しようとするかもしれない」（『人生の意味の心理学』）というアドラーの言葉に、ドキリとする親、特に母親は多いのではないでしょうか。

親が子を甘やかすということは、その子の望みを何でも叶えてやることです。そのため**甘やかされた子供は、他者は自分に奉仕する存在で、他者からほしいものを何でも得られると勘違いします**。このような子供が成長して社会との関わりを深めていかなければならない状況を考えてみてください。彼は社会に対して「『私があなたに何ができるのか』というよりも、『あなたが私に何ができるのか』」（ランディン『アドラー心理学入門』）ばかりを問うことになるでしょう。

このような人物が、ある程度周囲に影響力を持つ人物となり、それなりの地位に就いたとしましょう。彼は他者から得ることばかりを期待し、何も返そうとしないでしょう。また、彼が持つ影響力が限られているか小さい場合、彼は自分に対して冷たい仕打ちをする社会に嫌気がさし、接触を極力回避して現実の世界から目をそらそうとするでしょう。

中国の1人っ子政策の影響

アドラーは、1人っ子と子供の甘やかしの関係についても繰り返して言及しています。というのも1人っ子は、「子ども時代にずっと注目の中心にいて、人生の目標は、常に、注目の中心にいる」(『個人心理学講義』)からです。

そんな彼らが成長し、舞台の中心に立って腕を振り回し、他者から得ることばかりを考えている場面を想像してみてください。このように考えるとき、私にはそれが1人っ子政策をとっている中国の姿と重なります。早晩、中国の国内総生産はアメリカを抜いて世界1位になるかもしれません。この最強の経済力を誇る国の指導層に、やがて1人っ子で甘やかされた人物たちが就任するわけです。彼らは周辺国から注目されることを悦とし、また周辺国から取れるものは何でも取ってやろう、と考えることもあり得ます。

「甘やかされた子供のまま大人になった人々は、われわれの社会のなかで、おそらくもっとも危険な層の人々である」(『人生の意味の心理学』)というアドラーの言葉が重く響きます。**不適切なライフスタイルでは社会と不適切な関係しか結べません**。まず、自分のライフスタイルを知り、不適切ならば修正することが欠かせません。これは中国そして日本といった国家レベルでも同じことが言えるのだと思います。

甘やかされて大人になった人

甘やかされた子供のまま大人になった人は、
世の中で最も危険な層に属する。

Theme 4

自分のライフスタイルを見つめ直すにはどうすべきか

アドラーはその人が持つ最初の記憶に注目しました。最初の記憶は、主観的な人生の出発点であり、自分自身が描く自伝の始まりだからです。

個人の根本的な人生観を示す「最初の記憶」に着目せよ

人の根本的な目標、あるいはライフスタイルは、本人が知らないうちに形成されます。この目標があって初めて、人は「人生という家屋」(3章1節)を建設することができます。ですから、その人の根本的な目標を含むライフスタイルを知らなければ、その人の行動や心理も解明できません。

そこでアドラーは、人のライフスタイルを解明するために、人が持つ最初の記憶、または初期の記憶に着目します。

というのもアドラーは、人の最初の記憶が「その人の主観的な人生の出発点であり、自分自身が描く自伝の始まり」(『人生の意味の心理学』)だと考えたからです。アドラーが言う「主観的な人生」や「自分自身が描く自伝」は、その人のライフスタイルと言い換えることもできるでしょう。

そして主観的な人生の出発点には、「その個人の根本的な人生観を、彼の態度の満足ゆく結晶を示してくれる」とともに、「それらは、人生のスタイルを、その根源において、またそのもっとも単純な表現において示してくれる」(同書)という重要な働きがあるとアドラーは考えました。

大地から芽を出した植物が太陽に向かって伸びるように、主観的な人生の出発点には、その人のライフスタイルの傾向を表現する何かがあると考えられます。

そして、初期の記憶を基礎にして人のライフスタイルを解き明かすことをアドラーは**早期回想**と呼びました。

重要なのは記憶の解釈および現在との関わり

早期回想では、クライエントに自分が持つ最初の記憶について思い出してもらい、最も生き生きした瞬間や生起する感情、その感情が起こった理由について尋ねます。**重要なのは、その人の回答が、本当にその人が憶えている最初の記憶であるかどうかや、現実にあった出来事かどうかは、あまり考慮する必要はないという点です。**

というのも、「記憶というものは、それらがそうだと『思われている』ことゆえに、それらの解釈ゆえに、そして、それらが現在および未来の人生に対して持っている関連ゆえに重要」（『人間の意味の心理学』）だからです。

最初の記憶を通して、その人が何を自分の発達の出発点としたか――。

これを分析することでその人が選択したライフスタイルが見えてきます。それがアドラーの考えでした。

早期回想の事例

ママの化粧道具を
窓の外に放り投げました。
でも、僕はとても小さかったので
罰を受けませんでした。
昔は罰を避けられたけど、
今は避けられない、
とでも言ってるようだね。
出典／『アドラーのケース・セミナー』

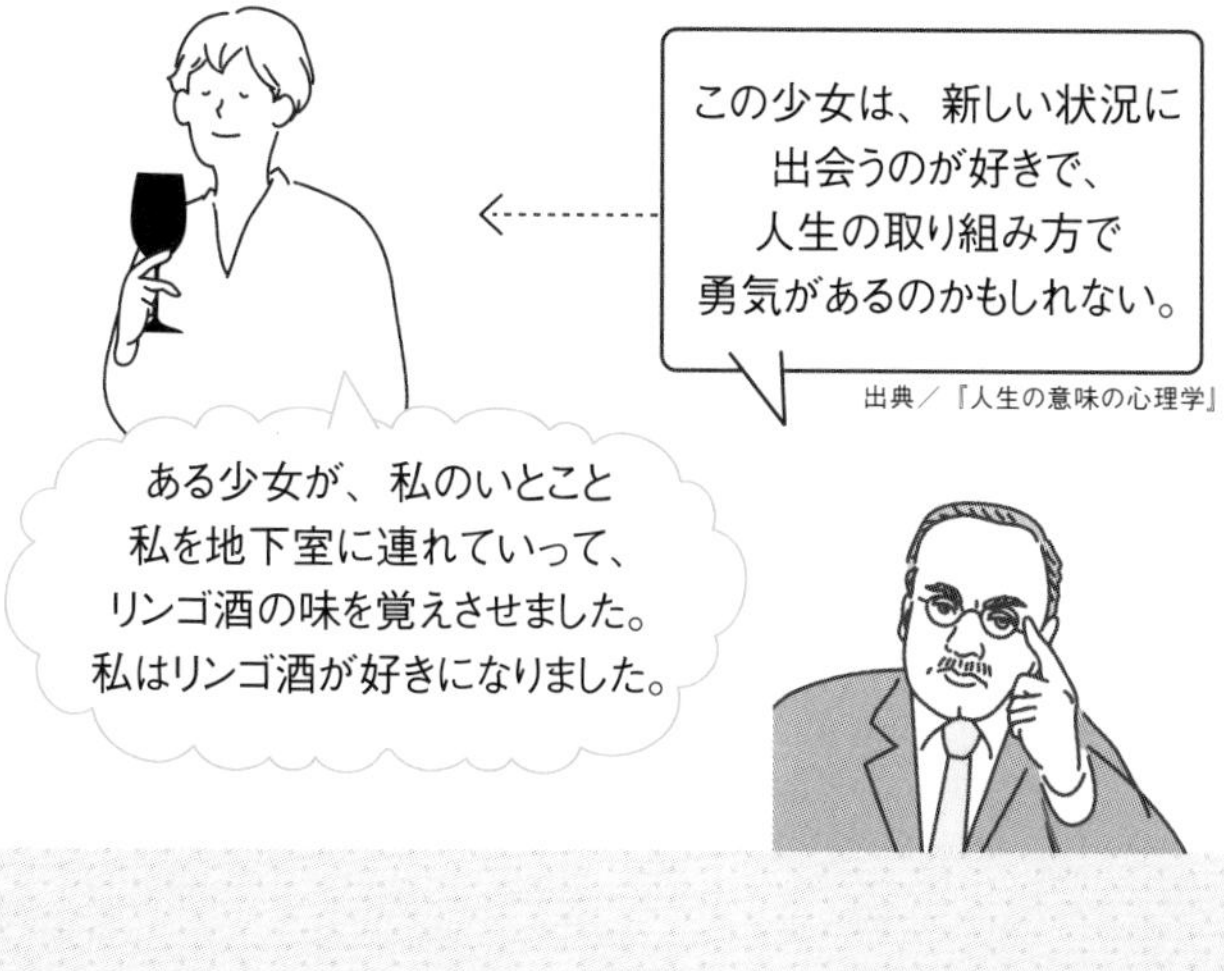
ある少女が、私のいとこと
私を地下室に連れていって、
リンゴ酒の味を覚えさせました。
私はリンゴ酒が好きになりました。
この少女は、新しい状況に
出会うのが好きで、
人生の取り組み方で
勇気があるのかもしれない。
出典／『人生の意味の心理学』

Theme 5

間違ったライフスタイルは変えられるのか

ライフスタイルを不適切に形成すると、その人は社会に対応するのが難しくなります。勇気を持ってライフスタイルの間違いを修正することが重要です。

勇気さえあればライフスタイルは変えられる

そもそも人が自分のライフスタイルを持つに至ったのは、知らないうちとはいえ自分自身の選択の結果です。したがって、これを修正するのもまた自らの選択です。

従来の態度を変更するのには苦痛が伴うでしょう。しかし、社会との不適切な関係が延々と続くよりも、今勇気を出して一歩踏み出し、新しいライフスタイルを持つ自分に生まれ変わるほうが、より充実した人生を送れるに違いありません。

そもそもライフスタイルと社会適応の齟齬《そご》が起きるのは、コモンセンスを使わずに私的論理を用いるからだ、とアドラーは考えました。

コモンセンスとは他者や社会、共同体にとって価値あるものの見方、私的論理は自分だけにとって価値あるものの見方、と考えればわかりやすいでしょう。私的論理を用いると、その人の行動は自分にとって価値あるもののみを追求します。しかし目標が達成されたとしても、利益を得るのはその人だけで、他の人は何の利益も得られません。

人間の本質を思い出してください。人間は生物学的劣等性を補うために集団を形成しました。遠い過去に遡《さかのぼ》る人間の習性は今も変わりませんし、変えようがありません。ですから人が集団の中で生きていくには、私的論理ではなくコモンセンスに従って集団の利益に貢献しなければなりません。

実際、よくよく考えてみると、**自分の利益のみ追求するという態度は、何万年も前から人類がとってきた、集団を形成するという手法に抗《あらが》う態度です。**

このような態度をとる人に勝ち目はあるのでしょうか？

集団への貢献に目標を変える

こうしてやがてアドラーは、Ｃｈａｐｔｅｒ４で詳しく述べる、共同体感覚の重要性を説くことになります。これは、人が自分の所属する共同体に貢献することで、自分が共同体の一部だと認識する考え方です。つまり共同体感覚を得るということは、私的論理を優先させたライフスタイルを、コモンセンスに基づいたライフスタイルに変えるということです。

間違ったライフスタイルを持つ人にとっては、以上について気づくこと、そして勇気を持ってライフスタイルを変えること、要するにまずは自分が変わり、その上で社会との適切な関係を再構築すること、これらが重要になります。

お気づきの方もいらっしゃると思います。右の考え方はスティーブン・Ｒ・コヴィーが提唱した「7つの習慣」（1章6節）の内面化と外面化の概念と全く軌を一にします。

大切なのはコモンセンス

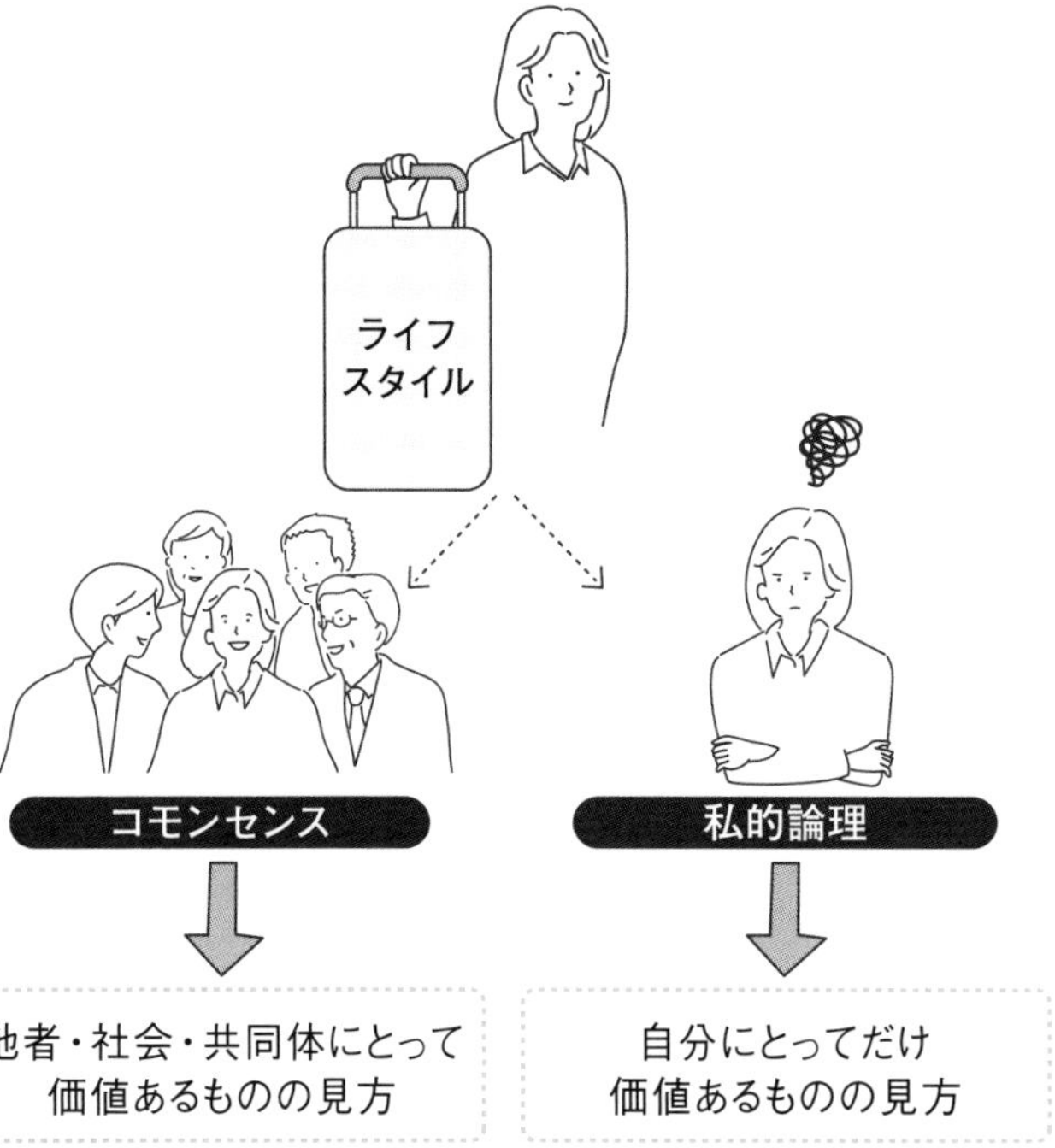

変える勇気さえあるのならば、私的論理に基づくライフスタイルを、コモンセンスに基づくライフスタイルに変えられるのだ。

Theme 6

ライフスタイルの修正を阻むものは何か

過去の自分を捨てるという意味で、ライフスタイルの修正には大きな苦痛が伴います。そのため人はライフスタイルの修正を回避する傾向があります。

勇気がない人が使う「確かに〜しかし」

しかしながら、古いライフスタイルを捨てて新しいものに変えたとしても、人生がうまくいく保証はありません。ひょっとすると、今よりも悪くなる可能性だってあります。ならば、変化というリスクをとらずに、現状維持を貫くのが安全策ではないか――。

こうした論理は、ライフスタイルの修正を回避する際の方便に利用できます。

「確かにライフスタイルの修正は重要なことだ。しかし、ライフスタイルを修正したからといって必ずしも状況がよくなるとは限らない」

この**「確かに〜しかし」は諸問題を回避するための便利なフレーズです。**

ディベートをご存じだと思います。ディベートとは、あるテーマについて賛成派チームと反対派チームが議論を戦わせるゲームです。ディベートが面白いのは「カラスは黒い」「人間はやがて死ぬ」といった、常識的に反論が困難に思えるテーマでも、反対派は堂々と論陣を張れる点です。

言い換えると、私たちはいかなるテーマであれ、それを白である、または黒であると主張できる能力を持っています。この理屈を自在に操る能力を使えば、人生の問題を回避するのは極めて容易です。そのときに用いるのが「確かに〜しかし」です。

勇気がない人が使う「確かに〜しかし」

人生の問題を回避するのに、「もし〜ならば」も私たちがよく使う論法です。「もし親がもっと利口ならば」「もし家がもっと裕福ならば」「もし学歴がもっと高ければ」——。これらはいずれも、自分が何かを達成できない原因を他の要因に押しつけています。ですから「もし〜ならば」は責任転嫁に極めて便利な論法になります。

この「もし〜ならば」から気づくのは、この論理がアドラー心理学の基礎である目的論ではなく、結果は原因に依存するという決定論の立場をとっている点です。目的論の立場からすると、人が何かをしないのは原因があるからではなく、何かの目的があるからこそそうしないのです。

「もし時間がもっとあれば素晴らしい本が書けるのに——」

この人が本を書かないのは時間のせいではないかもしれません。本当に素晴らしい本が書けるかどうか自信がないため、書かないことで問題を回避するのが目的なのかもしれません。よしんば書けたとしても、書いた作品を酷評されるのが怖いのかもしれません。

いずれにせよ、**「確かに〜しかし」「もし〜ならば」が自分の口をついたら、人生の問題から逃げている自分がいないか、厳しくチェックすべきです。**

「確かに〜しかし」と「もし〜ならば」

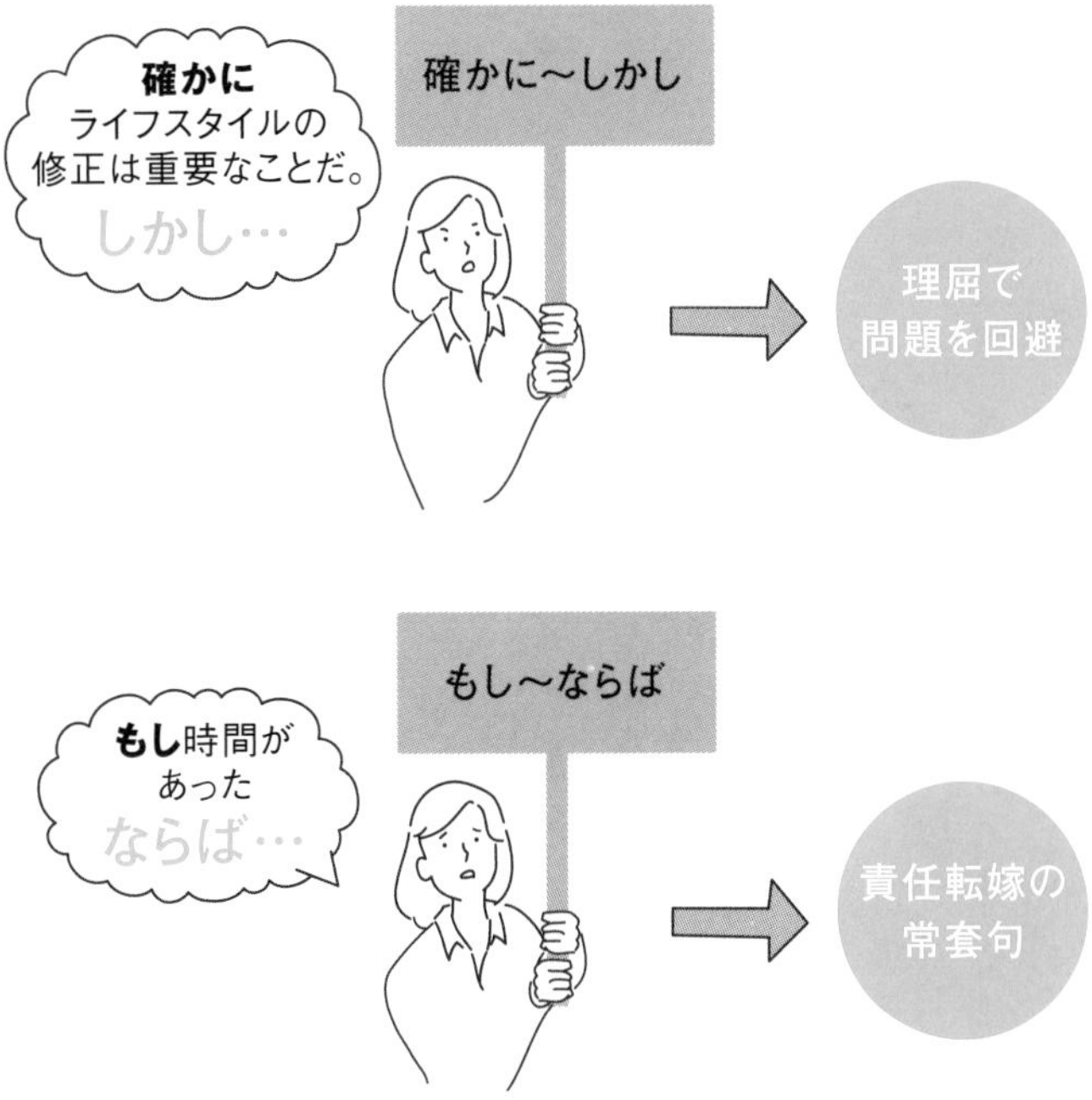

「確かに〜しかし」「もし〜ならば」をよく使う人は、人生の問題から逃げているのかもしれない。

Theme 7

私たちの生き方は「トラウマ」によって決まるのか

アドラー心理学はトラウマで人生が決まるとは考えません。それだと決定論の立場をとることになるからです。人の行動はあくまでも自分の選択です。

トラウマが原因ではない、決めるのは自分自身である

大きな事故に遭遇した経験は、人の生き方に重大な影響を及ぼします。その経験はいわゆるトラウマ、すなわち外傷となってその人を苦しめるでしょうし、そうした人たちに対して私たちは深い同情の念を禁じ得ません。

しかしアドラーがトラウマに対しても目的論的立場を貫いたことは記憶しておいてしかるべきです。アドラーは次のように述べました。

「どんな経験であれ、それ自体が成功の原因でも失敗の原因でもない。われわれは、自分たちの経験のショック――いわゆる外傷《トローマ》――に苦しめられるのではなく、その経験のなかからちょうど自分の目的に合致するものを見つけ出すのである。われわれは、われわれが自分の経験に与える意味によって自ら決定した者（self-determined）である」（『人生の意味の心理学』）

いかがでしょう。大きな傷を受けたことがない人でも、アドラーの言葉は極めて手厳しいものだと感じるのではないでしょうか。

このように決定論と反対の立場を表明するアドラーは、トラウマであってもその人の行動の原因にはならないと断言します。

次の行動を選ぶのはあくまでも自己の自由な選択です。選択に影響を及ぼす要因はあまたあれど、その要因がその選択をさせたのではありません。意思決定をしたのはあくまでも自分自身です。泣いて暮らそうが、始終不平不満を口にしようが、原因はトラウマではなく、自己の選択なのです。これがアドラーの考え方です。

私たちにとって選択の自由は苦痛なのか

このように考えると、他者に責任を転嫁できる決定論は、ある意味で苦痛を手軽に取り除くための方法、言い換えると見せかけの上で人の苦痛を軽減させてくれるお手軽な手法に映ります。世に決定論が好まれるのは、この点にあるのかもしれません。

一方で**目的論の立場に身を置くと、原因という犯人捜しをしている自分自身が、実は犯人であることが白日の下にさらされます**。責任を他者に転嫁できないという点で、アドラーの主張する心理学は——否、哲学と呼んだほうが適切かもしれませんが——極めて冷徹な理論だと言えるのかもしれません。

しかし見方を変えると、選択する自由が自己にあるということは、不幸になる途《みち》をとるか幸福になる途をとるかは、自分自身に依存しているということです。こうして私たちは、前向きに幸福を手に入れる方法について、次章以降でより深く考えなければなりません。

選択するのは私の意思

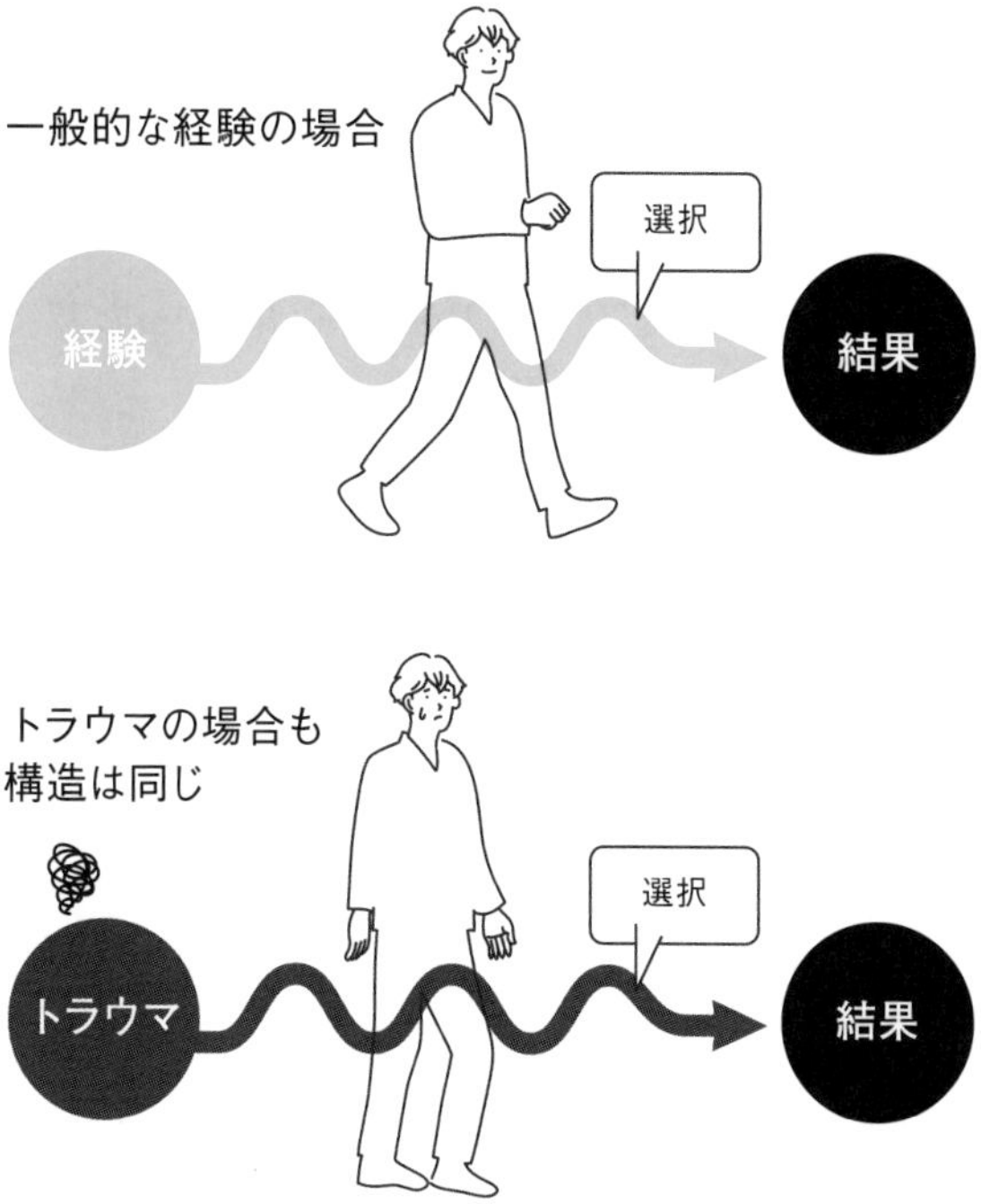

背景に一般的経験またはトラウマがあろうと、何らかの行動を選び結果に至るのは、人間の意思によるものである。

Column

アドラーの早期回想

アドラーの早期回想は、自分はくる病で包帯を巻いて苦しんでいるのに、兄のジグムントは元気に遊び回っている、というものでした。

このアドラーの早期回想は、自分よりも優れている兄に対して弟が抱く劣等感を示しているようです。実際アドラーがその生涯で、兄ジグムントと良好な関係を築けなかった事実を、この早期回想は暗示しているようです。

またアドラーは、子供の頃、死の恐怖や恐れに打ち勝つために、墓地の中を駆け回ったことがある、と記憶していました。

ところがアドラーが大人になってからその場所に行くと、そこは墓地ではないことがわかりました。つまりアドラーのこの記憶は、実際にあったものではなく、実は作られたものだったわけです。

しかし作られた記憶であろうと、それはアドラーのライフスタイルにとって欠かせないものだったわけです。それゆえ記憶として刻み込まれました。

このようなことからアドラーは、早期回想が現実にあった出来事かどうかはどうでもよい、という態度をとるわけです。

Chapter

4

アドラーが提唱した「共同体感覚」とは

アドラー心理学の最重要コンセプトが「共同体感覚」です。人間は、共同体から離れて生きることが極めて困難なようにできています。よって共同体感覚を得ることが充実した人生のカギになります。

Theme 1

「入会地の悲劇」で破綻する社会を考えてみよう

アドラー心理学の最重要キーワードである「共同体感覚」をより深く理解するには、ゲーム理論で問われる「入会地の悲劇」をまず知ることです。

「私1人くらい」が社会を崩壊させる

ゲーム理論は、複数の利害関係者が、個々の意思決定によって影響を受ける環境下（これをゲーム的状況と呼びます）において、どのような意思決定をし、どのように行動するかを理論化したものです。

ゲーム理論の意思決定問題では「囚人のジレンマ」が著名ですが、同様に「入会地《いりあいち》の悲劇」もよく引き合いに出されるジレンマの1つです。

入会地とは村民などの特定メンバーが共同で管理する土地や漁場を指します。要するに公共財と考えればよいでしょう。公共財は共同体が決めた規則に従って利用しなければなりません。しかし、悪意ある人物が、「私1人くらい構わないだろう」との考えから、公共財である入会地の資源を無断で私的に利用したとします。

しかし「私1人くらい」という考えの持ち主が次から次へと増殖するとどうなるでしょう。早晩、入会地すなわち公共財は失われてしまうでしょう。このように**個人の利益の優先により公共財が成立しなくなることを、「入会地の悲劇」と呼びます**。アドラー心理学的に言うと、私的論理の暴走が公共財を破壊することを意味します。

ここで再びアドラー心理学の基礎になった考え方を思い出してください。その出発点は、太古の人類が生物学的劣等性を補うために集団を形成した、という点にありました。人が群れて社会を形成するということは、私たちが劣等性を補うために過去数十万年とってきた極めて有効な手段です。

この集団、あるいは社会を維持するためには、共同体に所属するメンバーが遵守すべき規則が欠かせません。ところがこの規則が「私1人くらい構わないだろう」との考えから破られ、同様の考えを持つ人物が増殖していくと、やがて前述した「入会地の悲劇」のように共同体は成立しなくなります。

アドラー心理学の最重要コンセプト「共同体感覚」

したがって共同体を維持していくには、共同体を形成する個々のメンバーが共同体感覚を所有する必要があります。**共同体感覚とは、アドラーの言葉を借りるならば、「仲間の人間に関心を持つこと、全体の一部になること、人類の福利にできるだけ貢献すること」（『人生の意味の心理学』）を基礎にする態度です。**

以下、アドラー心理学の最重要コンセプトである共同体感覚について理解を深めることにしたいと思います。そうすることで共同体感覚こそが、幸福を手にするための最も重要なカギになることがわかると思います。

ゴミに見る「入会地の悲劇」

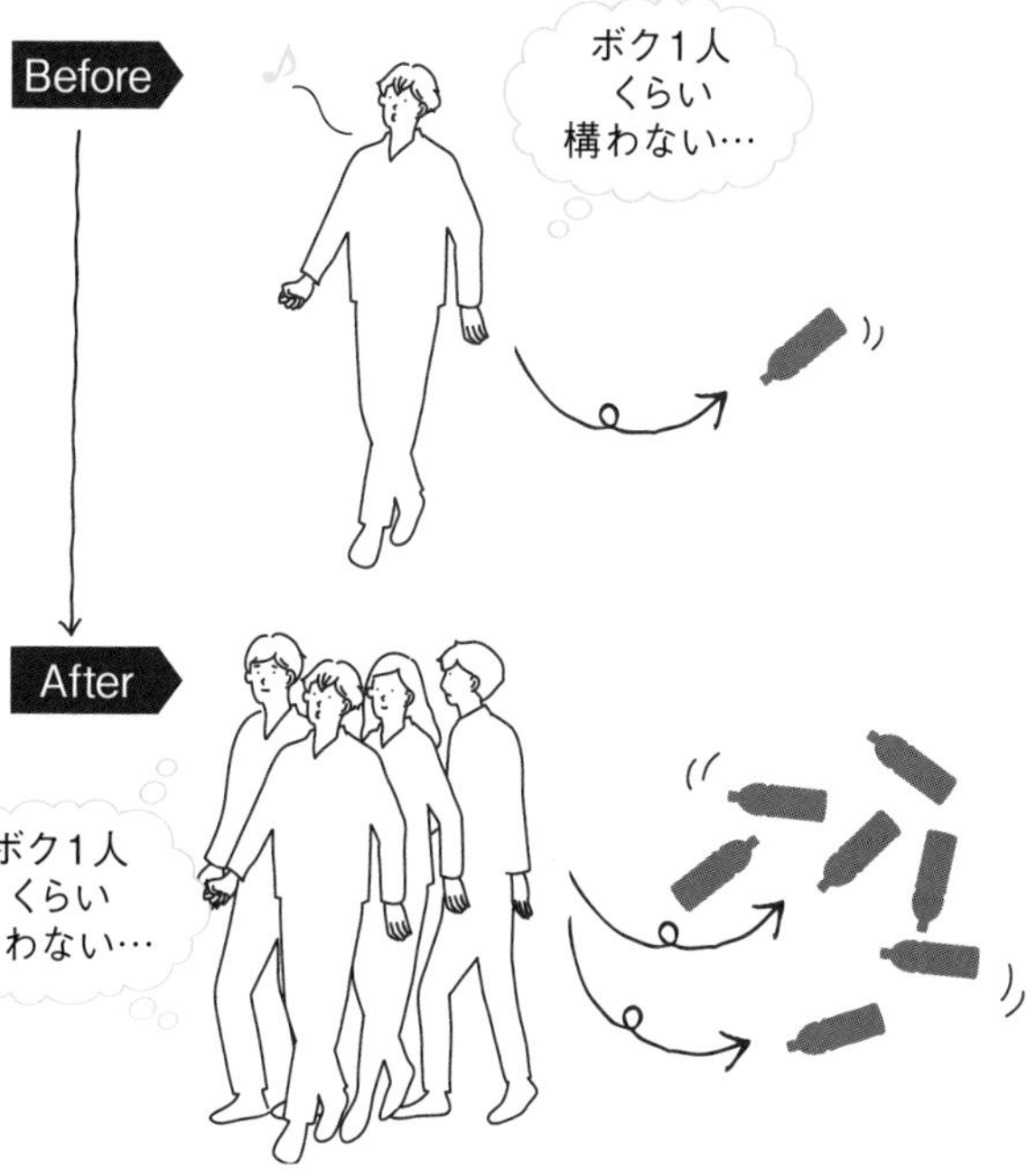

私的論理が公共財を破壊する。これでは共同体を維持していくのは不可能なのだ。

Theme 2

アドラーが提唱した「共同体感覚」とは何を意味するのか

人が全体の一部であること、全体とともに生きていることを実感すること、これが共同体感覚です。共同体感覚は、はるか宇宙にまで広がります。

私的論理がわかれば共同体感覚をより理解できる

共同体感覚を平たく言うと、人が全体の一部であること、全体とともに生きていることを実感することです。

共同体感覚の意味をより際立たせるには、共同体感覚の欠如した状態を考察すればいいでしょう。それは私的論理（3章5節）に基づく態度です。

「彼らが自らの目標を達したときに、彼ら以外の誰も利益を受けないし、彼らの関心はただ彼ら自身にしか及ばないのである。彼が成功しようと努力するその目標は、虚構の個人的優越にすぎず、彼らの勝利は彼ら自身にとってだけ何か意味あるものにすぎない」（『人生の意味の心理学』）。これが共同体感覚の欠如した私的論理による態度です。

共同体で生きている者が、自己の利益のみ考えて、他者から得ることばかりを考えれば、そして同様の考えの持ち主が増殖すれば、先に見た「入会地の悲劇」のごとく、共同体を維持するのは不可能になります。

したがって共同体感覚を得るには、他者が共通して意味があると考えていること、すなわち私的論理に対するところのコモンセンス（3章5節）に従って行動することで、共同体に貢献することが欠かせなくなります。

では、私たちが貢献すべき共同体とは具体的に何を指すのでしょうか。家族や企業、地域コミュニティ、あるいは国家、人類、それとも地球でしょうか。

いずれもイエスです。ただし共同体にはそれを包括するさらなる上位の共同体があります。これを上へ上へとたどっていくと「全人類の理想的な共同体」(『生きる意味を求めて』)に行き着きます。

したがって、究極の共同体感覚は、国や民族への奉仕でもなく、人類全体を包括する理想社会にとっての共通の利益や福祉に貢献することです。

宇宙までを視野に

さらにアドラーは、共同体感覚の範囲を宇宙にまで広げました。

「(連帯感や共同体感覚は)それは、ニュアンスを違えたり、制限を受けたり拡大されたりしながら生涯続いていき、機会に恵まれれば家族のメンバーにだけでなく、一族や民族や全人類にまで広がりさえする。それはさらにそういう限界を超え、動植物や他の無生物にまで、遂にはまさに遠く宇宙にまで広がることさえある」(『人間知の心理学』)

このように**宇宙まで視野に入れる共同体感覚の範囲は極めて広範です**。ただし対象範囲がいずれでも、個が全体の一部として全体に貢献することに変わりはありません。

共同体感覚の意味

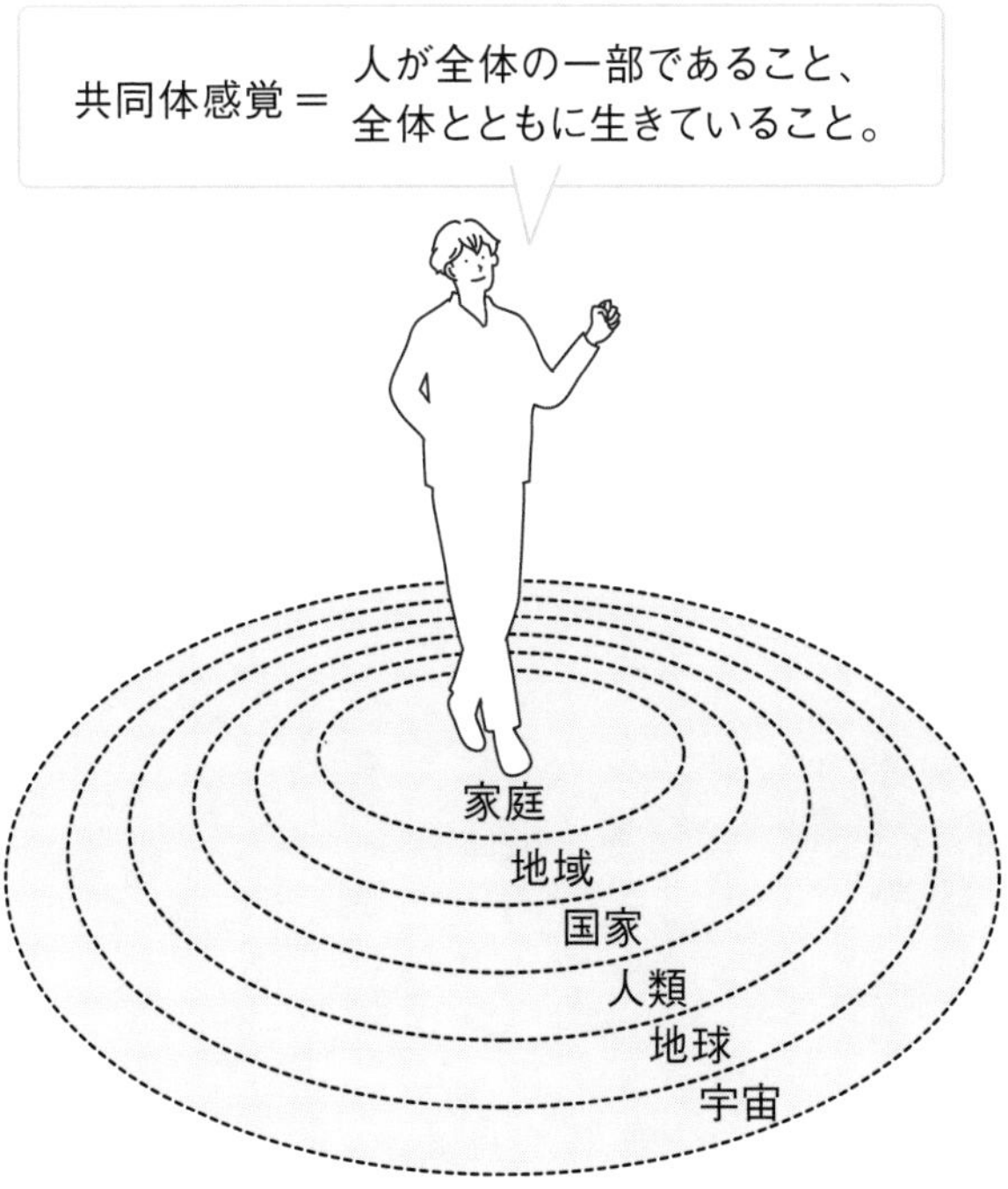
共同体感覚 ＝ 人が全体の一部であること、
全体とともに生きていること。
家庭
地域
国家
人類
地球
宇宙

私的論理を捨てて、コモンセンスをベースに宇宙までも広がる共同体に貢献する。そうすれば共同体感覚を得られるだろう。

Theme 3

アドラーが分類した4つのパーソナリティとはいかなるものか

アドラーは共同体感覚と活動性の高低から人のパーソナリティを4つに分類しました。このうち私たちが目指すべきは「社会的に有用な人」です。

支配的な人、ゲッター、回避者、そして社会的に有用な人

アドラーは、1933年、「国際個人心理学ジャーナル」において、4つのパーソナリティ類型論を発表しました（ランディン『アドラー心理学入門』）。

この**4つのパーソナリティ類型論では共同体感覚と、社会的関わりを持つための行動力である活動性の2変数をとり、それぞれに「高」「低」のレベルを設け、4象限のマトリックスでパーソナリティを分類します。**

109ページの図を参照しながらそれぞれについて解説しましょう。

まず、共同体感覚が低く活動性が高い人です。アドラーはこのタイプの人を支配的な人として分類しました。支配的な人は他者を攻撃することが得意で、また他者を攻撃するために自分を攻撃することとさえあります。

支配的な人は権力闘争を好みます。これは権力を得て人を支配したいという欲望もありますが、敵対者を徹底的に打ちのめしたいという隠された目標も存在します。そのため支配者はサディスト的特性を帯びる傾向があります。

次に共同体感覚、活動性ともに低い人です。この象限には2種類のパーソナリティがあり、その1つがゲッターです。依存者とも呼びます。このタイプの人は、あらゆるものを

他者から得て、自分からは他者に何も与えません。子供の頃に甘やかされた人（76ページ参照）は、成長するとゲッターになる可能性が大です。

共同体感覚、活動性ともに低いもう1つのタイプが回避者です。社会に依存したいものの、社会から満足な待遇を得られないため、人生の諸問題から目をそむける人です。引きこもりも回避者の1類型です。ゲッター同様、子供の頃に甘やかされた人は回避者になる可能性が高まります。

目指すべきパーソナリティは「社会的に有用な人」

最後は共同体感覚、活動性がともに高い人です。共同体の利益を前提にして高い行動力を発揮するのがこの社会的に有用な人の特徴です。このタイプの人をアドラーは「有用で、正常で、人類の進化の流れに深く入り込んでいる」（前掲書）と表現しました。私たちが目指すべきはもちろん社会的に有用な人です。ちなみに共同体感覚の高い人に活動性の低い人はいないとアドラーは考えたため、象限の1つは空白となります。

パーソナリティの類型に基づいて、自分は共同体感覚を育まなければならないのか、それとも共同体感覚を育むと同時に日々の活動を積極的に行うようにすべきなのか、私たちは自分自身をよく理解した上で社会的に有用な人を目指すべきです。

4つのパーソナリティ類型

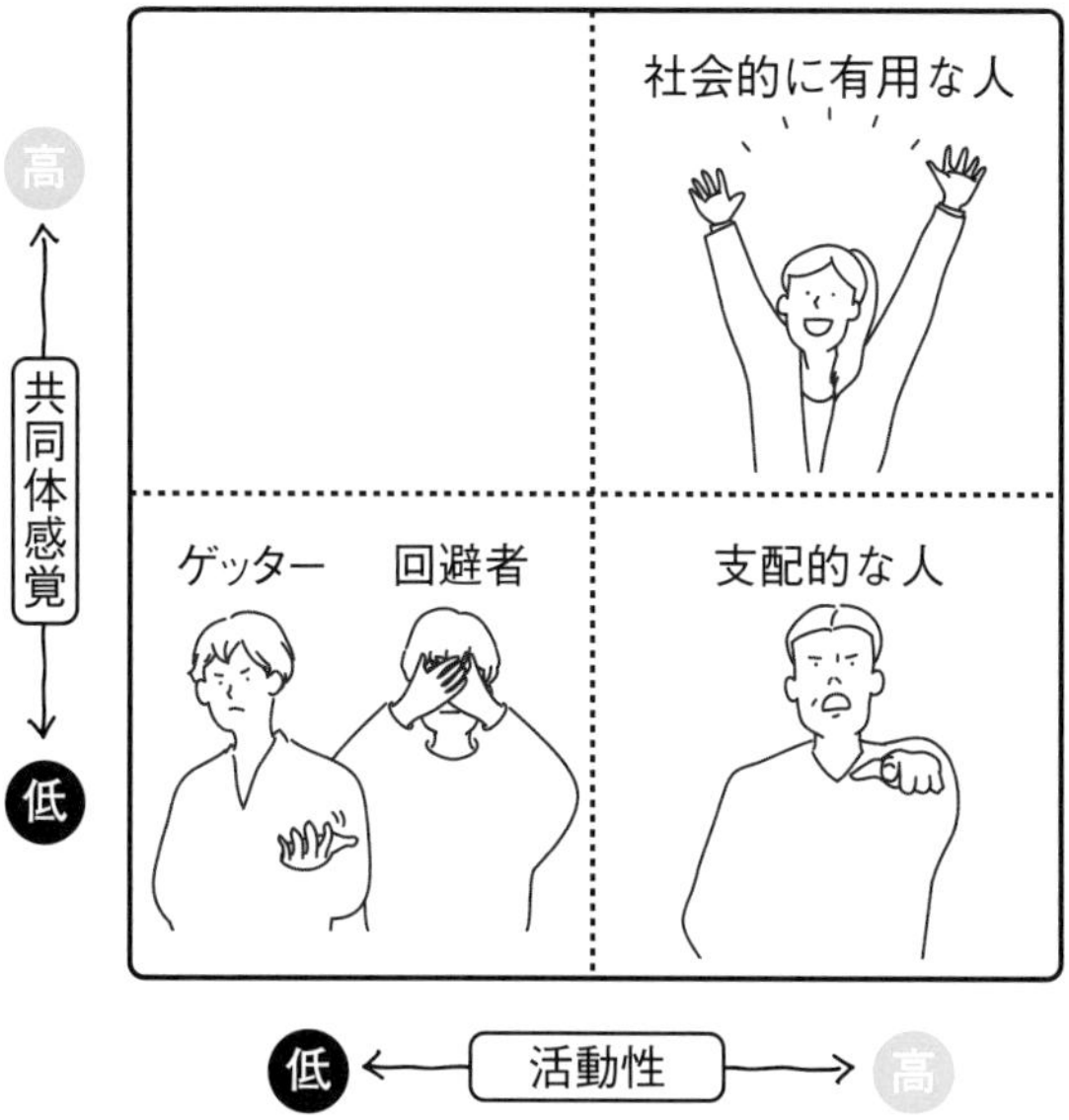

共同体感覚の高い人に活動性の低い人はいないから、象限の1つは空白地帯になるのだ。

Theme 4

「社会的に有用な人」になるための具体的な行動とは

社会的に有用な人になるには共同体感覚が不可欠です。そのためにはまず不完全な自分でも、自分自身を受け入れる必要があります。

自分自身を受け入れる態度――自己を受容する

アドラーの提唱した4つのパーソナリティ類型論からわかるように、社会的に有用でない人が、社会的に有用な人に変身するには、共同体感覚を高めることが必要条件になることがわかります。では、私たちが共同体感覚を手に入れるにはどうすべきなのでしょう。

最初に注目すべきは自らの内面です。すでに述べたように、**ライフスタイルが不適切な私的論理に従っているのならば、コモンセンスに従うよう態度を改めねばなりません。**私的論理とは自らの利益のみを追求する態度でした。これは他者から搾取し自分からは何も与えない態度でもあります。これを他者にとって利益のあること――すなわちコモンセンスの声に従って行動するような態度に改めなければなりません。

これは言い換えると、劣等感の補償をマイナスの方向ではなく、プラスの方向へ作用させることにほかなりません。プラスの方向とは、自分の劣等感を補償して優越性を追求する活動を、私的論理ではなく、コモンセンスに従わせることです。こうすれば優越性の追求が自己の利益ではなく、共同体の利益に貢献するものになります。

アドラーは、共同体感覚と優越性の追求を、人間の本性にある同じ根拠に基づいているものだと考えました。いずれのケースも共同体から「認められたいという本源的な要求の表現するもの」（『子どもの教育』）だからです。

しかし注意すべきは、共同体からの評価を目的にすると、優越性の追求と共同体感覚に乖離が生じる点です。評価されたいという思いは自己利益の追求であり、共同体の貢献とは異なるものだからです。

完璧を求めるのではなく向上を追求する

以上のような方向へ自分の内面を向かわせることができたならば、次に完全を求めないことが重要になります。

つまり、**不完全な自分でいる勇気を持つことです**。

ルドルフ・ドライカースは著作『勇気づけて躾ける』で「自分は誤りを犯すものだということを謙虚に認め、自分の人間的価値が失われるなどと思わずに誤りを素直に受け入れましょう」と述べていますが、要するに間違いがあれば謙虚に認めて、その都度軌道修正すればいいわけです。不完全な自分を受容する、つまり自己受容です。

さらにドライカースは「そして何より、私たちは完璧を求めているのではなく、向上したいだけなのだということを心にしっかりとめておきましょう」（同書）と続けています。ドライカースの言うとおりです。私たちの目的は完璧の追求ではなく向上なのです。

社会的に有用な人になるには

「ゲッター」「回避者」の場合

タイプがわかれば何を変えるべきかもわかる。共通するのはコモンセンスに基づいた共同体感覚なのである。

Theme 5

相手をかけがえのない仲間ととらえるにはどうすべきか

共同体感覚を得るには相手と対等の立場に身を置くことも重要です。それは「他の人の目で見、耳で聞き、心で感じることを学ぶ」態度です。

相手を尊敬して横の人間関係を構築する

すでに見てきたように、私たちは共同体の一員として暮らすようある意味で運命づけられた存在です。

同じ共同体で暮らす人々は敵ではありません。人間が持つ劣等性を補い、共同体を維持していくための仲間です。その際、年齢の上下や組織における階級の上下など、縦の人間関係を意識せずにいると礼を失するでしょう。

しかしながら、「劣等の立場に、怒りや不快を感じることなしに耐えうる人は誰もいない。同志・同僚は平等でなければならない。そして、人々が平等であるときには、彼らは常に彼らの諸困難を解決する方法を見出すだろう」（『人生の意味の心理学』）とアドラーが言うように、**上下関係であっても互いを尊重し、対等の立場で接することが、共同体感覚を実感するための態度になります**。

相手と対等の立場に身を置くためのとっておきの方法があります。

そもそも私たちは「見ること、聞くこと、話すことにおいて他者と結びついている。人は外界に関心を持ち、他者と結びついている時にだけ、正しく見、聞き、話す」（『生きる意味を求めて』）存在であり、したがって「他の人の目で見、耳で聞き、心で感じる」（『個人心理学講義』）ことができれば、相手と対等の関係を取り結べるでしょう。

この点に関してアドラーの高弟ウォルター・ベラン・ウルフが、著作『どうしたら幸福になれるか』の中で、印象深い寓話「町の馬鹿とどこかへ行ってしまったロバの話」を紹介しています。

相手と対等の立場で考えてみる

ある日、町で自慢のロバが行方をくらましました。町の長老は秘密会議を開き、ロバが失踪した原因や捜し出す方法を3日3晩議論しました。すると、この会議に、町の人から「お馬鹿さん」呼ばわりされている男が、いなくなったロバを連れてやってきました。

驚いた長老らは「どうやって居場所を突き止めたのだ」と男に尋ねました。

男は言いました。

「ロバがいなくなったと聞いて、私はロバの小屋に行き、ロバと同じように壁に向かって立ち、自分がロバだと考えてみました。そして外に行くとしたらどこに行きたいか考えてみたんです。そこに行くと本当にロバがいたんです」

町の人から「お馬鹿さん」呼ばわりされていたその男は、相手と対等の立場に身を置くという点で、町の長老たちよりも利口だったようです。

相手と対等の立場に身を置く

「お馬鹿さん」とロバの話は、相手の立場に身を置くことの大切さを私たちに教えてくれるのであった。

Theme 6

私たちはいかにして共同体の利益に貢献すべきか

自分自身の不完全さを受け入れ、共同体に属するメンバーを仲間と考えられるようになったなら、次は実際の行動で共同体の利益に貢献することです。

頭で考えるだけではダメ、貢献を行動で表す

共同体の利益への貢献は、頭で考えているだけではダメです。行動が伴わなければ無意味です。この点に関してアドラーはなかなか興味深い話を披露しています。

ある老婦人が市街電車に乗ろうとしたところ、足を滑らせて雪の中に転げ落ちました。しかし大勢の人は老婦人の側《そば》を通り過ぎるだけで助け起こそうとしません。ようやく1人の男が雪の中に倒れている老婦人に手を差し伸べました。

するとその瞬間、どこかに隠れていた男が飛び出してきてこう言いました。

「とうとう立派な人間が現れましたね。私はもう5分ほど前からそこに立っていて、この婦人を助けてくれる人が現れるのを待っていたのです」（『人間知の心理学』）

かく言うこの男は共同体感覚の持ち主でしょうか――。

ひょっとするとこの男は、頭では共同体感覚の何たるかを理解しているのかもしれません。しかし行動はしませんでした。よって共同体感覚の持ち主とは言い難いでしょう。**共同体感覚とは、頭で理解するものではありません。行為で実践するものです。**

109ページに掲載した4つのパーソナリティ類型を思い出してください。このマトリックスでは、共同体感覚が高く、活動性が低い象限は空白になっていました。アドラー

は、共同体感覚が高い人は活動性も高いととらえていたからです。

一方で、知識だけでも共同体感覚を高い程度で理解していれば、共同体感覚が高いと考えたとします。さっきの男は、知識レベルでの共同体感覚は高いのだけれど、老婦人を助けなかったことで活動性は低くなるでしょう。空白の象限に該当するこのような人物は、「行動しない人」または「評論家」と類型できるのではないでしょうか。

頭で考えるだけではダメ、貢献を行動で表す

共同体への貢献は見返りを考えない、ある意味で無私の行為です。共同体の利益に貢献したにもかかわらず感謝の言葉すらかけられなかったと不平を唱えるのは、見返りを期待した行為と言わざるを得ません。
アドラー心理学の権威・岸見一郎さんはこう言います。
「他者がいつも必ずありがとうといってくれるとは限らない。このような場合、他者から注目されなくても、そのことを不満に思わないでいたい」（岸見一郎『アドラー　人生を生き抜く心理学』）
共同体の利益への貢献には、まさにこのような態度が望まれます。**相手の感謝を期待するのは、実は自己中心的な考え方にほかなりません。**

「評論家」に気をつけろ！

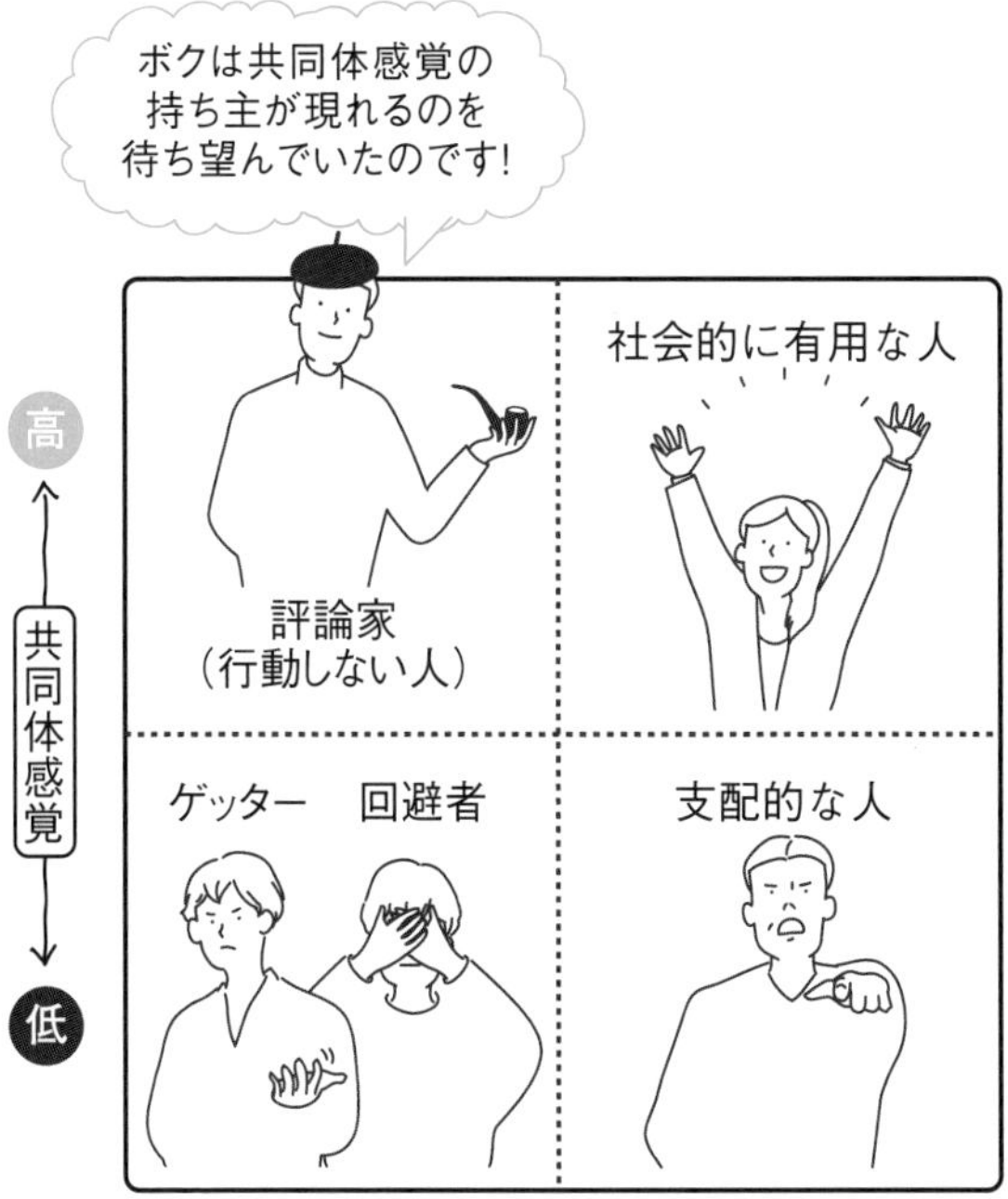

評論家も本当の共同体感覚の持ち主とは言い難い。共同体感覚は行動がともなわなければならない。

Theme 7

助け合う気持ちによって、なぜ人生は輝き始めるのか

共同体感覚と共同体感覚を獲得する方法について述べてきました。難しい作業のように思えますが、勇気を出して一歩踏み出すことこそが肝心です。

困った人への手助けが利己的な経営者を変えた

アドラーの高弟ウルフは、先にふれた同じ著作の中で、私たちが共同体感覚を得るために勇気ある一歩を踏み出すよう背中を押してくれる、とっておきのエピソードを記しています。

辣腕ではあるものの極めて利己的な経営者がいました。彼は仕事に忙しく、自分の周囲にいる人々の苦労や痛みを知る時間がないとこぼしていました。

ウルフは彼に対して、「大きな鉄道の終着駅の待合室へ行って、困っている人を助けてやるとか、重い旅行カバンを持ってやるとか、ほほ笑みかけたり愉快に言葉をかけたりして誰かを勇気づけるとかいったことをやってみたら」と勧めた上で、誰かの役に立つまで駅を離れてはいけないと指示しました。

その晩、男は言われるがまま駅へ向かいます。すると老婦人が待合室の隅で泣いていました。事情を聞くと、娘に会うために町にやってきたものの、番地を書いた紙を紛失したことがわかりました。男は電話帳で娘の住所を見つけ出し、老婦人をタクシーに乗せ、しかも何本かのバラをプレゼントして、無事、娘の元へ送り届けたのです。

そのあと男はウルフに電話をかけてきてこう言いました。

「どうです。先生、私はとうとう人間になったような気がします」

以後、男はたびたび待合室に姿を現し、困っている人の手助けをするようになりました。

また彼は、毎年クリスマスになると「彼の最初の人間性の立て直しの冒険」で出会った老婦人に、思いっきり美しいバラの贈り物を欠かさなかったそうです。

共同体感覚は人間本来の生き方に目覚めること

いかがでしょう。この利己的な経営者は駅の待合室で他者に貢献することで、自分は共同体の一部であることに気がついたようです。この気づきにより、彼は共同体の中で自分の居場所を見つけ、共同体感覚を手に入れることに成功したのではないでしょうか。それは電話したくなるほど彼にとって大きな喜び、大きな幸せだったわけです。

ウルフの記した話で**最も印象深いのは、私たちがちょっとした勇気を持って一歩踏み出すことで、容易に自分を変えられるばかりでなく、共同体感覚をも手に入れることができる、という事実です**。

太古から集団生活をしてきた私たち人間にとって、個人は共同体の一部であり、共同体から離れて生きることは極めて困難です。そういう意味で共同体感覚を手に入れるということは、人間本来の生き方に目覚めることなのかもしれません。

ちょっとの勇気で生き方が変わる

ちょっとした人助けで人の人生は大きく変わる。
勇気を出して一歩踏み出してみよう。

Column

共同体感覚に驚いた人々

アドラーの共同体感覚はアドラー心理学の最重要コンセプトで、この点はもっと強調されてしかるべきだと思います。ただ、その考えがあまりに画期的だったため、当時の思想界に大きな波紋を投げかけてしまったようなのです。

というのも、共同体感覚は最終的に宇宙との一体感も視野に入れる思想です。個人心理学会にはニーチェの個人主義を信奉する人もいました。

「突然、まるで宣教師がいうようなこの共同体感覚という考えに我々はどう対処することができたであろう？　医師という仕事に就くものは何よりも科学を優先しなければならない。アドラーは科学者としてこのことを知っていたはずであり、このような宗教的な科学を非専門家の間で広めると主張するのであれば、専門家としての我々が彼を支持できないということを知っているべきだ」（ホフマン『アドラーの生涯』）

こうして個人心理学会から去っていく人々も現れたのですが、それでもアドラーは共同体感覚の重要性を撤回することはありませんでした。確かにアドラーが「動植物や他の無生物にまで、遂にはまさに遠く宇宙まで広がる」とまで説く共同体感覚は神秘思想にも通じます。ただしアドラーがそこまで身を投じることはなかったようです。

Chapter 5

取り組むべき「人生の３つの課題」

共同体生活・仕事・愛――。私たちが自分の人生を歩む上で、これら３つへの対処は避けてとおることができません。アドラーはこれを「人生の3つの課題《テダザ》」と呼びました。

Theme 1

私たちが生きる上で取り組むべき課題とは

共同体での生活、仕事、異性との愛は、人が生きていく上で常に問題となります。アドラーはこれらを「人生の3つの課題」と呼びました。

人生の課題は共同体生活・仕事・愛の3つ

アドラーの著作の中で頻繁に登場するのが人生の課題についてです。たとえば彼は、著作の1つで次のように述べています。

「私は前々から、すべての人生の問いは、3つの大きな課題、即ち、共同体生活、仕事、愛の問題に分けられるということを確信してきた」（『生きる意味を求めて』）

また別の著作ではこのように述べています。

「個人心理学は、これら3つの主要問題——つまり、仕事、仲間、性——のひとつに属さないようないかなる人生の問題をも知らない」（『人生の意味の心理学』）

ここに掲げた共同体生活（交友・社会との関係）、仕事、異性との愛や結婚を、アドラーは人生の3つの課題と呼びました。

私たちが自身の人生を歩んでいくには、共同体のメンバーと共生することが欠かせません。また仕事は、共同体の利益に貢献するために、そして自己の生計のために、やはり欠かせない問題になります。さらに愛や性、パートナーの問題は、子孫を残すことで共同体を維持するという点で極めて重要なテーマになります。その上で**注目すべきは、これら人生の3つの課題が、いずれも人との関係なしに語れない、という点です。**

人生の3つの課題に必要なのは共同体感覚

したがってこのことから、私たちが人生の3つの課題に取り組むには、Chapter4でふれた共同体感覚が身についている必要のあることがわかります。

アドラーはこう言いました。

「(人生の3つの課題という)この問いを解決できるのは、共同体感覚を十分持っている人だけであるということは明らかである」(『生きる意味を求めて』)

人生の3つの課題に共同体感覚が欠かせないのは、私的論理で共同体生活や仕事、異性との愛に取り組む自分自身を想起すれば容易に理解できるでしょう。

自己の利益のみ追求すれば共同体のメンバーは搾取の対象となり、仕事は自己の利益を追求する手段になります。また、パートナーは自分に奉仕させるための存在となるでしょう。このような人物が豊かな人生を送れるとはとうてい考えられません。

共同体感覚とは共同体のメンバーを対等の仲間と認めて、共同体の利益に貢献する態度でした。この態度を基本にして、共同体生活や仕事、異性との愛に取り組めば、そこには別の世界が広がるのは容易に想起できそうです。

以下、人生の3つの課題それぞれについて、もう少し詳しく見ていくことにしましょう。

人生の3つの課題

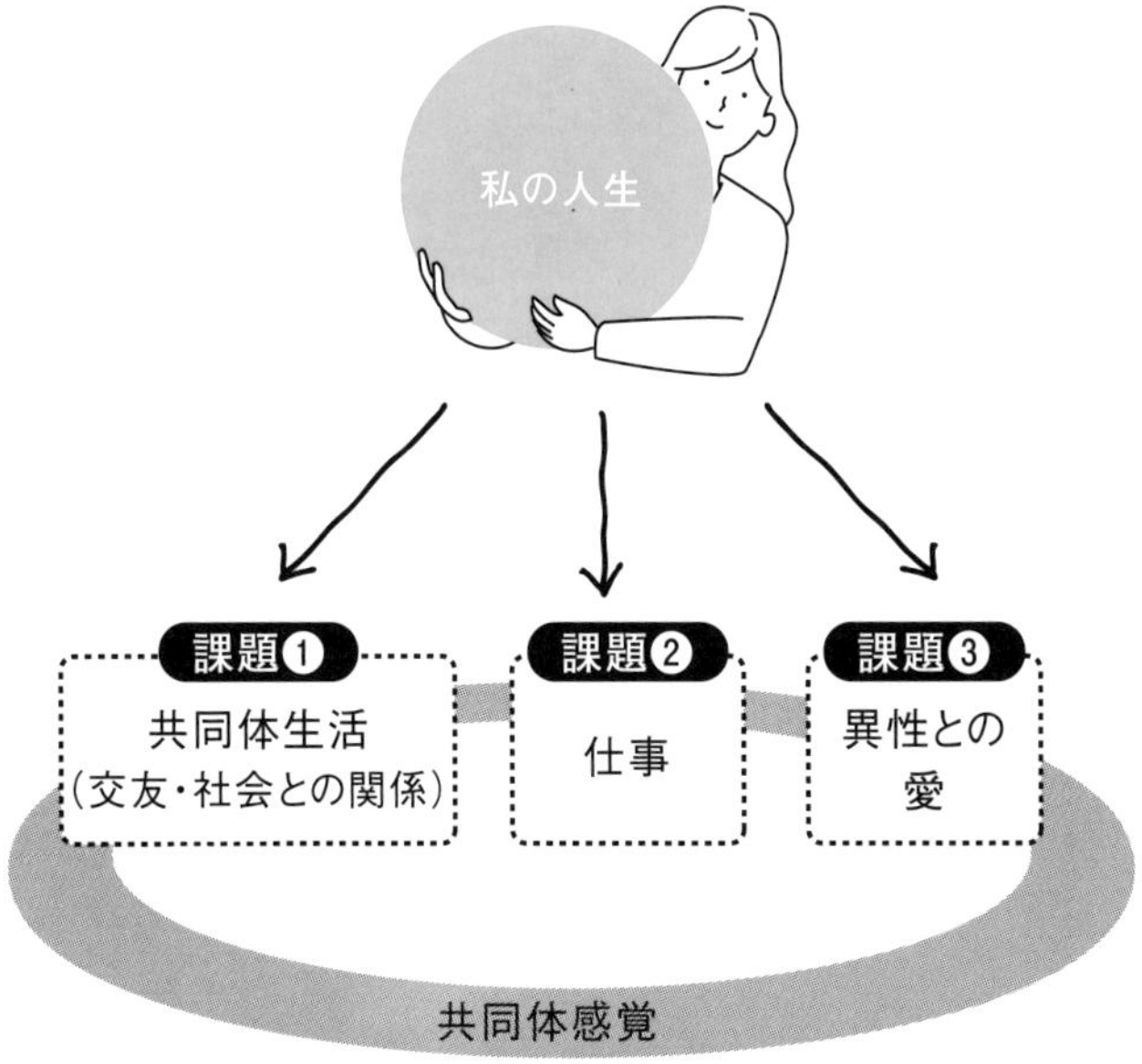

共同体生活、仕事、愛を人生の3つの課題と呼ぶ。この3つの課題に対応するには共同体感覚が欠かせない。

Theme

2

社会と良好な関係を結ぶためには何をすべきか

社会と良好な関係を結ぶには、私的論理を捨ててコモンセンスに従わなければなりません。つまり「より多く与える人」になることが欠かせません。

「貢献」は共同体で自分の居場所を見つけるキーワード

共同体の規模にはレベルがあります。それゆえ、小さな共同体が大きな共同体に含まれる関係が存在します。家庭という共同体が地域コミュニティに含まれ、地域は国、国はさらに世界の共同体に含まれます。

したがって私たちは、家庭という共同体に所属すると同時に、より大きな社会的共同体にも組み込まれます。また私たちは家庭と並立する共同体にも所属します。学校や職場、趣味のサークルなどがそれにあたります。

複数の共同体に所属する私たちが不適切な私的論理を用いると、それぞれの共同体と良好な関係を結ぶことが難しくなります。良好な関係を結ぶには、コモンセンスを基礎にした共同体への貢献が最大のカギとなります。

アドラーは「貢献こそ真の人生の意味」だと述べた上で次のように記しています。

「今日、われわれの先祖から引き継いできた遺産をふりかえりみるとき、われわれは何を見るであろうか。それらのうちで今日まで生き続けているものはすべて、人間の生活のために彼らが成し遂げてきた貢献のみである」（『人生の意味の心理学』）

彼らが成し遂げてきた貢献――。つまり共同体にとって価値ある貢献のみがのちの世に受け継がれるということです。もう少しアドラーの言葉に耳を傾けてみましょう。

「われわれは、耕された大地、鉄道や建築物を見る。われわれは、伝承、哲学的体系、自然科学、芸術、そして人間としてのわれわれの状況と取り組む諸技術のなかに、彼らの人生経験の伝えられ遺された諸成果を見る。これらすべての成果は、人類の福利のために貢献した人々によって遺されたのである」（前掲書）

言われてみれば確かにそのとおりです。そもそも共同体が価値を認めないものは早晩姿を消す運命にならざるを得ません。共同体がその貢献の価値を認めたものだからこそ、後世に継承されるわけです。

「より多く得る人」から「より多く与える人」へ

以上から、社会と良好な関係を取り結ぶ、すなわち豊かな共同体生活を送るカギは、「より多く得る人」から、共同体にとって価値あるものを「より多く与える人」になる点にあることがわかります。前者は共同体から搾取する人、後者は共同体に貢献する人です。

もちろん与えるのは金銭や物質的なものだけとは限りません。**感謝やねぎらいの言葉、相手を勇気づける言葉、あるいは人の心を和ませる笑顔も、より多く与える対象になることは言うまでもありません。**

共同体生活と貢献

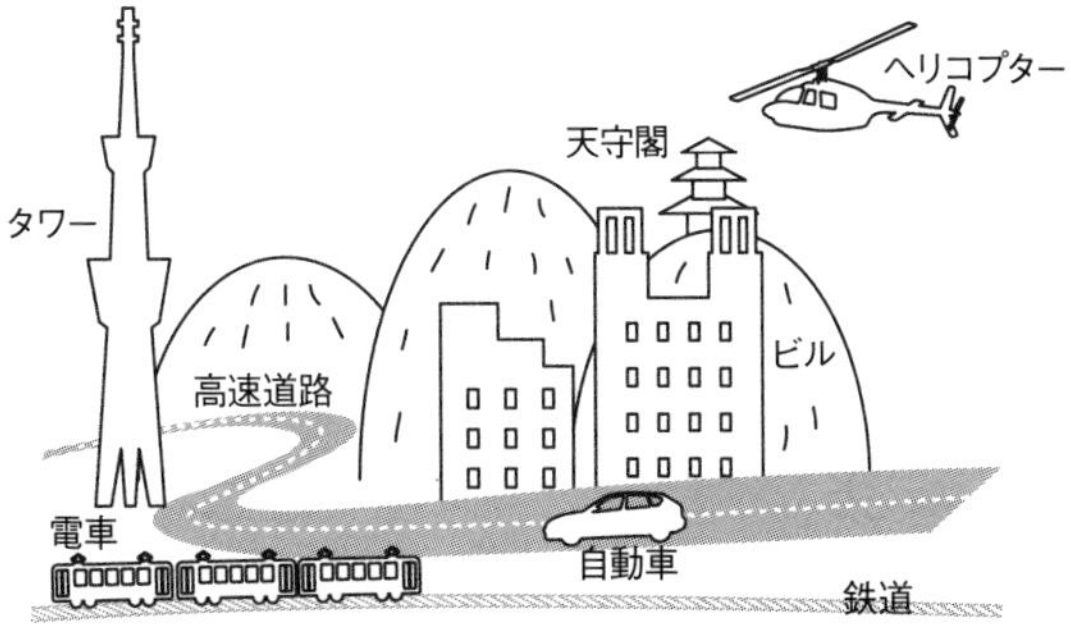

人間の生活のために先祖が成し遂げた貢献

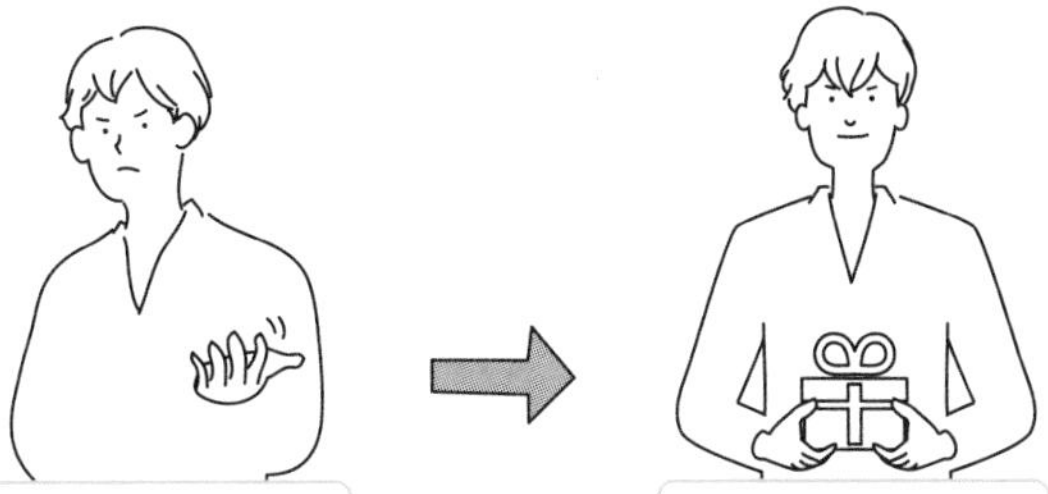

より多く得る人

より多く与える人

共同体生活の秘訣は「より多く得る人」から「より多く与える人」になることだ。ポイントは貢献なのである。

Theme 3

友人を作るための とっておきの方法は あるのだろうか

言葉の力を信じましょう。言葉は人類が太古の昔に共同体を形成し維持するために作り出したものであり、いわば「仲間を作り出すための道具」です。

コミュニケーション、言葉の力を信じる

私たちは同じ共同体に暮らしながら、見ず知らずの人とは一線を画して交わろうとしないのが普通です。この態度が強まると周囲が自分の敵のように思えてきます。それはちょうど混雑した電車でたまたま隣り合わせた人のことが、肘が当たるとかカバンが邪魔だとかで、疎ましく思うのに似た状況です。

しかし相手に対して友人同士、仲間同士の意識を持っていたら、このような敵対感情は生じないでしょう。そこで大切になるのがコミュニケーション、すなわち言葉です。

前にもふれましたが、人が孤立して生存する生き物ならば言葉など必要ありません。というのも、言葉は人類が生物学的劣等性を補うために集団を形成する際の手段だったからです。言葉を通じて相手に自分の意思を伝え、逆に相手の心を理解します。これが集団の形成ばかりか維持にも欠かせない強力な道具《ツール》になったわけです。

太古から集団の形成および維持の強力な手段だったこの言葉を、友人や仲間の創造に使わない手はありません。再びアドラーの高弟ウルフの著作から引きましょう。

「私のノイローゼ患者たちに、バスだとか劇場だとかで、まったくただ会話をやりだすという目的で身近にいる人と話をしてみるといい、とすすめてみた。(中略)駅や船の桟橋や、

劇場で行列をつくって待っている群集のなかにいる人々の多くは、諸君とまったくおなじように一人ぼっちだったり、おなじように人に接するのが怖い人たちなのだ」

ウルフは自分の言葉どおりのことを実際に試してみたところ、一度も相手から肘鉄砲を食らうことはなかったと述べています。

それはそうでしょう。話しかけただけで怒り出す人はそうそういません。しかも寂しさで時間を持て余していたとしたら、見知らぬ人からかかる声は心弾むプレゼントになるはずです。つまりウルフは、見知らぬ人に話しかけることでより多く与える人になりましょう、と勧めているのに相違ありません。

アドラーは友人作りの名人だった

アドラーは友人を作るのがとても得意だったと言います。

「私はいつも友人や仲間に囲まれていた。だいたいにおいて私は友だちに大いに好かれた。このような友だちは途切れることなく次々にできた」（ホフマン『アドラーの生涯』）

言葉は人と人を結びつけます。言葉の力を信じ、ちょっとだけ勇気を出して見知らぬ人に声をかけるのはどうでしょう。

やがて友達の輪が広がっていくのではないでしょうか。

言葉の力

集団を作るための言葉

集団を維持するための言葉

言葉は「仲間を作り出す道具」

人間は集団を形成するからこそ言葉を必要とした。仲間作りにもっと言葉を活用しよう！

Theme 4

私たちは仕事とどのようにつき合うべきか

共同体に属する私たちは仕事を持って共同体に貢献すべきです。その際、仕事の使命（ミッション）を知らずにいると、組織への貢献感が低下します。

仕事とは共同体の利益に貢献する具体的活動の1つ

アドラーの理論で興味深いのは、人生の3つの課題の仕事についても、人類が生物学的劣等性を補うために形成した集団との関係で考察している点です。

集団の維持を考えた場合、所属するメンバー全員が猟に出かけたら食事を作る人がいなくなります。逆に全員が食事の仕度をしていたら、そもそも調達すべき食料を確保できません。こうして、ある人は食事の仕度をし、別の人は狩猟に出かけるという分業が成立します。

さらに狩猟に出かける人の中に武器を作るのがうまい人がいれば、その人は猟に出ず武器作りを専門にすることでしょう。また衣服をこしらえるのが上手な人もその仕事を専門にするかもしれません。このように、集団を効率的に運営するための分業がさらに進み、集団の生産性はより高まることになります。

共同体に所属する人が、良好な社会関係を結び、共同体の利益に貢献するには、何らかの分業に参画しなければなりません。これがその人にとっての仕事です。仕事をとおして人は共同体に直接的に貢献できますし、また自身の生計を立てる術を得られます。二重の意味で仕事は人生に極めて重要な意味をもたらします。

使命を理解して仕事と上手につき合う

共同体が未分化で規模も小さければ分業の意味を理解するのは容易でしょう。「分業の意味」とは、その特定の仕事が共同体の利益にどのように貢献するのか、という問いの答えです。いわば分業の効用を指します。しかし、現代のように社会が複雑化すると、私たちが受け持つ分業化した仕事が社会にどう貢献しているのかが不明になりがちです。

ドラッカーは、組織の使命（ミッション）とは、その組織が社会にどのように貢献するのかの表明だと述べました(1章5節)。それは組織の存在理由であり、目的です。したがって、組織に所属するメンバーは、組織の使命を理解し、その使命の実現に貢献するため仕事をしている自分自身を理解しなければなりません。

自分の担当する仕事が組織の成果にいかに貢献しているのか、さらにはどうすれば貢献度が高まるのか、すべての働く人はこの点を考慮すべきです。そして**組織への貢献が実感できればできるほど、私たちのやりがいは高まるに違いありません**。

このような観点からすると、組織の使命や、その使命と自分の仕事との関係も知らずに漫然と働いていても、その仕事は好きになれないことがわかります。私たちが仕事からやりがいを得られるのは組織や社会への貢献を実感できたときなのですから。

仕事が持つ意味

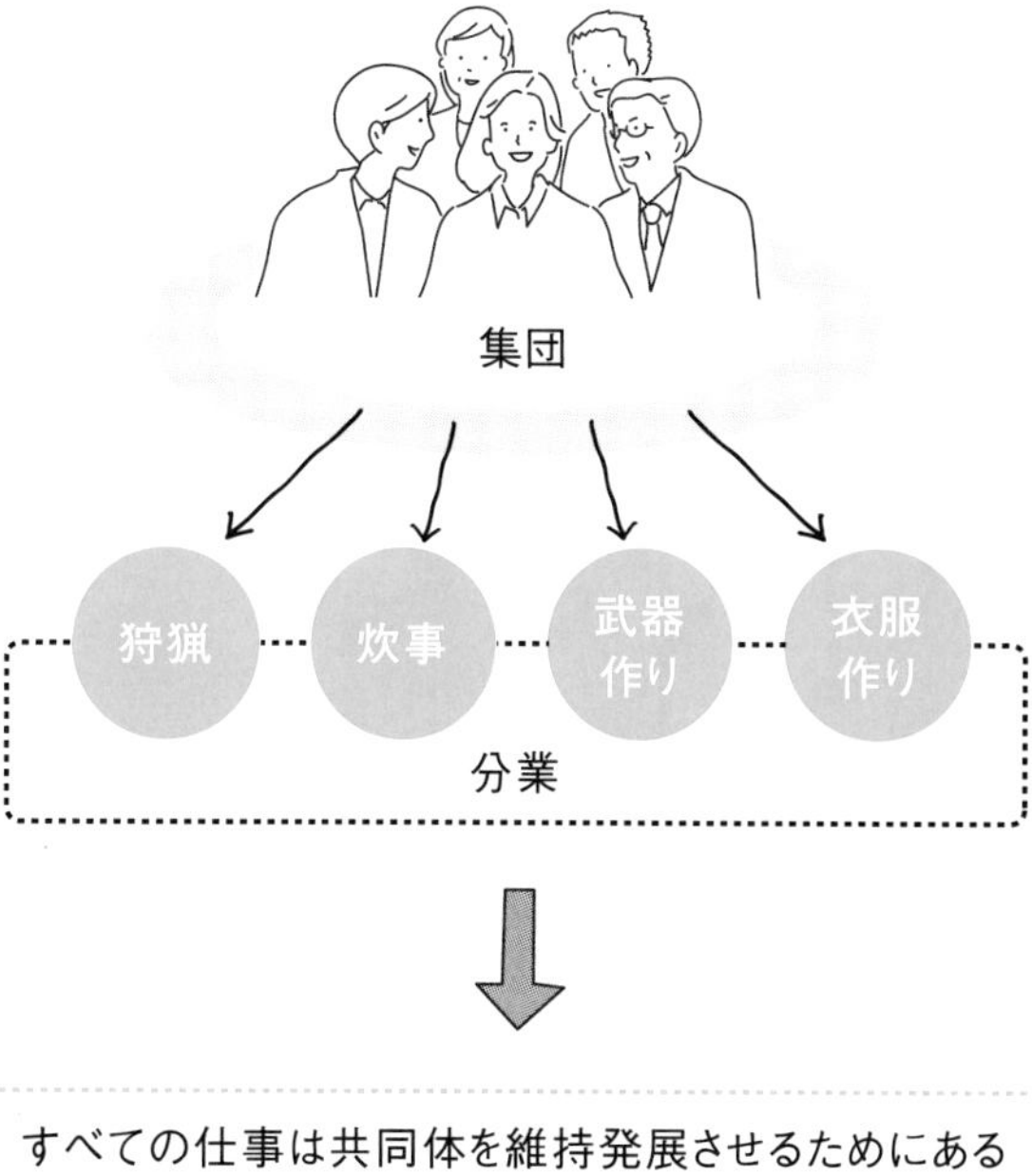

すべての仕事は共同体を維持発展させるためにある

仕事は共同体に貢献するために存在する。自分の仕事が共同体にどう役立っているかわかると、仕事のやりがいも生まれるというものだ。

Theme 5

気の進まない仕事をしていても幸せは感じられるか

比較優位は経済効率を考えると正しい理論なのでしょうが、人には心があります。経済効率がよくても気の進まない仕事をするのは苦痛です。

理論上は利益を最大化できたとしても……

分業によって共同体の生産性を最大限にするには、経済学が説く比較優位に従うのが得策です。比較優位とは、ある人が何かの仕事をしたときの機会費用——代わりにしなかったことをしたことで得られたであろう利益——が、同じことを他の人が行った場合の機会費用よりも低いことを指します。具体的に説明しましょう。

ここに2人の男がいます。１人は屈強ですが手先は器用ではありません。もう１人は屈強ではありませんが手先がとても器用です。この2人が狩猟に出かけると、屈強な男は１週間で平均10匹の獲物を得るのに対して、器用な男は１匹しか得られません。しかし、武器作りでは、屈強な男は週１個しか作れないのに対し、器用な男は10個作ります。

ここでは単純化のため獲物１匹と武器１個の価値は等価としましょう。屈強な男が狩猟で得る獲物10匹の機会費用は武器1個、これに対して手先の器用な男が10匹の獲物を得ようと思うと機会費用は武器１００個になります。狩猟の機会費用が低いのは屈強な男ですから、屈強な男は狩猟に比較優位があります。

これが武器作りになると、屈強な男の武器10個に対する機会費用は獲物１００匹、対する器用な男の武器10個に対する機会費用は獲物１匹です。機会費用が低いのは器用な男のほうですから、器用な男は武器作りに比較優位を持ちます。

こうして屈強な男と器用な男が比較優位の考えに従って分業すれば、2人は週10匹の獲物と10個の武器を共同体にもたらし利益の最大化をはかれます。

自分の強みを理解し、強みを活かせる仕事に就く

しかし現実は、経済理論の世界ほど単純ではありません。比較優位によって仕事を割り当てられた人が、その仕事を好むかどうかわからないからです。これは頭脳労働をしたい人が、流れ作業の単純労働を命じられた場面をイメージすれば十分でしょう。

私たちが自分の仕事に自信と誇りを持てるのは、仕事に自分の強みを活かせ、それが共同体や社会に役立っていると実感できるときです。したがって、自分の強みを理解すること、弱点を補強するよりもむしろ強みを強化すること、その強みを発揮できる仕事に就いて組織や社会に貢献すること、これがその人の幸福への近道になります。

言い換えると、「私はこの方面で共同体（社会）に貢献したい」という強い思い（これは目標と言い換えてもいいです）があり、その貢献に必要な能力が自分の強みとして備わっていて、これを自分の一生の仕事にできたら、人生はとても充実したものになるでしょう。

そんな人生を生きたいと思いませんか？

比較優位とは

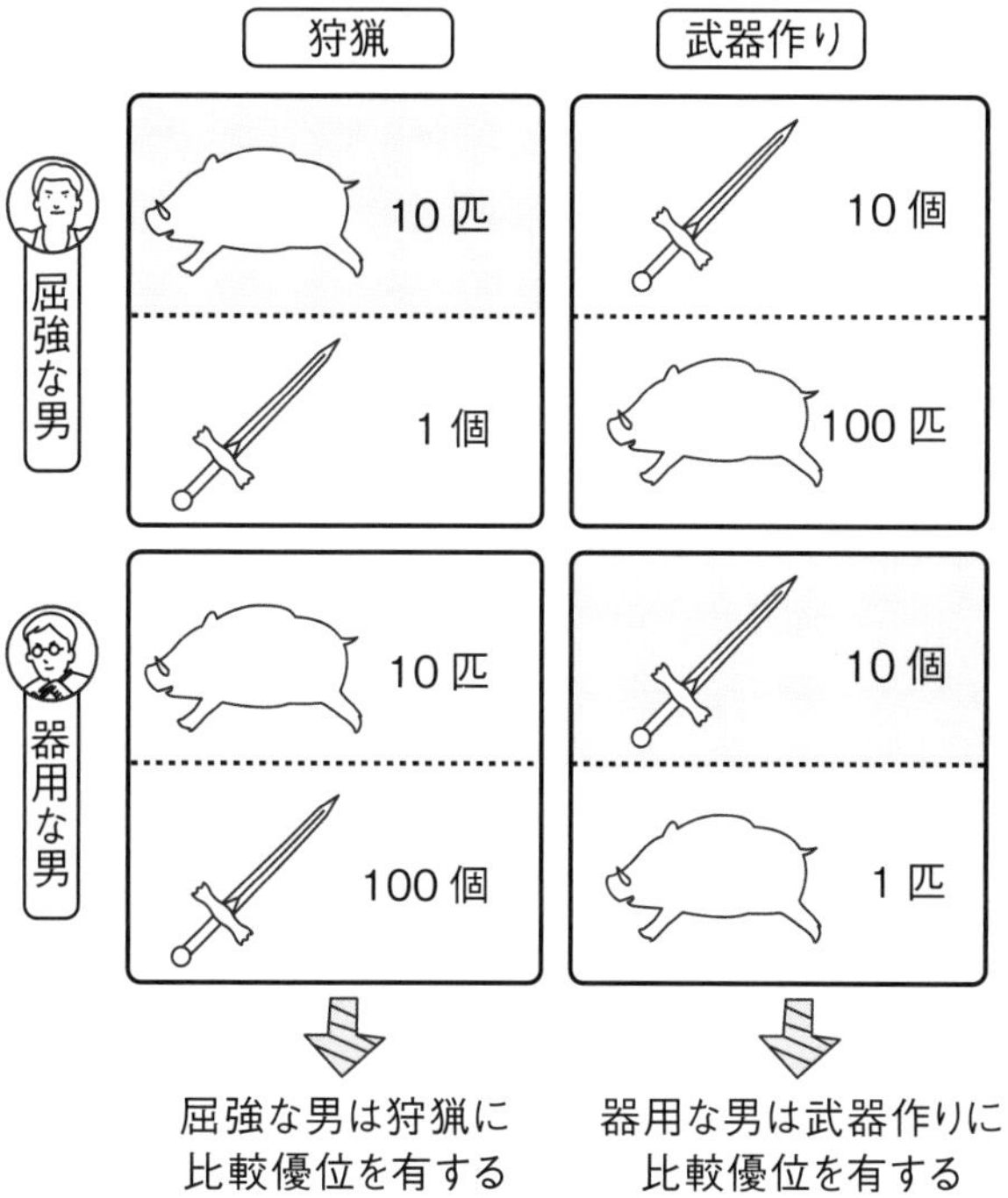

比較優位による分業は共同体の利益最大化に資する。しかし、その人がその仕事をやりたいかどうかは、また別の問題なのだ。

Theme

6

自分の強みを見つけるために何をすべきか

従来、自分の強みを見つける各種手法が考案されてきました。マーシャル・ゴールドスミスが考案したモジョ・スコアカードもその1つです。

モジョ・スコアカードを試してみる

自分の強みを活かせる仕事に就きたい――そう思っても、自分の強みが何なのかよくわからない、という人がいるに違いありません。そもそも自分の強みの重要性を強調したのは、あのピーター・ドラッカーです。ドラッカーはこう言いました。

「**何事かを成し遂げられるのは、強みによってである。**弱みによって何かを行うことはできない。もちろん、できないことによって何かを行うことなど、とうていできない」（ドラッカー『明日を支配するもの』）

にもかかわらず私たちは自分の弱点に注目しがちです。これはおそらく試験勉強の影響でしょう。数学の得意な子が数学の勉強で、試験で満点をとる以上の努力をしても、現在の制度では無駄です。いわゆる「苦手科目」を克服するほうが総合点で有利になるからです。社会人になってもこの習慣から抜け出せず、本当は強みを伸ばさなければ突出した成果を上げられないのに、弱みに注目するケースが多いようです。

では、強みに注目するにはどうすべきか。ドラッカーもその手法に言及していますが（たとえば『経営者の条件』や『明日を支配するもの』）、ここでは「コーチングの神様」の異名を持つマーシャル・ゴールドスミスが提唱するモジョ・スコアカードを紹介しましょう。

前向きに取り組める活動が自分自身の強みである

ゴールドスミスによると、モジョとはブードゥー教からきている言葉で、「今自分がしていることに前向きな気持ちを持つこと。それは自分の心の内から始まり、外に輝き出るものだ」（ゴールドスミス、ライター『コーチングの神様が教える「前向き思考」の見つけ方』）と述べています。モジョ・スコアカードでは、自分が日々行っていることを点数化することでモジョの度合いを測定し、自分が前向きになれる活動を発見します。

そもそも自分が前向きになれない活動で高い成果を達成できるでしょうか。多くの場合難しいでしょう。よしんば達成できたとしても、本人のやる気が低いのですから長続きはしないと考えるのが妥当です。

一方、前向きに感じる活動は、仮に成果が低くても、継続して続けられます。「継続は力なり」という言葉があります。この言葉どおり、継続すればやがてどんな人にも他者が一目置く専門的な力がつくものです。要するに、前向きに取り組めること、これが強みの源泉だということです。

ゴールドスミスのモジョ・スコアカードは、「前向きになれる活動＝強みの源泉」を私たちに教えてくれます。ぜひ試してみてください。

モジョ・スコアカード

10点満点で数値化

活動内容	仕事のモジョ						個人的なモジョ						モジョ・スコア
	意欲	知識	能力	自信	本気度	合計	幸せ	報酬	意義	学び	感謝	合計	合計
メールの閲覧	5	8	8	8	5	34	5	3	5	3	3	19	53
原稿執筆（午前）	9	10	9	9	10	47	9	8	9	7	9	42	89
得意先への電話	7	8	8	8	8	39	7	4	4	3	5	23	62
原稿執筆（午後1）	7	10	8	8	7	40	7	8	9	5	7	36	76
メールの作成と送信	4	6	6	5	5	26	4	3	4	3	4	18	44
Web ページの更新	4	8	7	5	4	28	4	3	4	3	4	18	46
原稿執筆（午後2）	8	10	9	9	9	45	9	8	9	7	9	42	87
書店で買い物	5	5	5	5	5	25	5	3	6	5	3	22	47
読書	8	7	8	9	7	39	6	5	7	7	6	31	70

▽

- モジョ・スコアの高い活動は何か
- モジョ・スコアの低い活動は何か
- 何にもっと時間を割くべきか
- 人に手伝ってもらったほうがいいのは何か

出典／マーシャル・ゴールドスミス『コーチングの神様が教える「前向き思考」の見つけ方』（日本経済新聞出版社）を基に作成

モジョ・スコアカードを１～2週間つけてみたら、自分が前向きになれる活動がわかってくるはずだ。

Theme
7

パートナーとの愛に なぜ共同体感覚が 必要なのか

家庭は共同体の最小単位です。また、家庭はパートナーとの愛によって成立します。したがって、パートナーとの愛には共同体感覚が欠かせません。

パートナーと作る家庭は共同体の最小単位になる

共同体の最小単位はパートナーと作る家庭です。そのためパートナーとの愛にも共同体感覚が欠かせません。

では、パートナーとの共同体感覚とはどのようなものでしょうか。

ここでも私的論理でパートナーに接する自分を考えれば、パートナーに対する共同体感覚のありようを痛烈に理解できます。

私的論理の持ち主は、他者から得ることばかり考えて、他者に与えようとしません。関心は「他者が私に何をしてくれるか」「他者は私に注目しているか」「私を十分に評価しているか」でした。

こうした利己的な人が結婚すると、新婚時こそパートナーの立場に身を置くかもしれませんが、やがてパートナーに対しても同じ私的論理を適用するようになるでしょう。「奉仕せよ」「注目せよ」「評価せよ」と——。これでは2人の関係がうまくいくはずがありません。ましてや互いが私的論理の持ち主だとしたら破局は時間の問題でしょう。

しかし、**パートナーと共同体感覚で結びつくと状況は一変します**。共同体感覚とは互いが対等の立場で、相手に貢献する態度でした。アドラーは言います。

「二人の課題は固有の構造を持っており、一人の課題を解決する方法では正しく解決することはできない。この問題を十分に解決するためには、二人はどちらも自分のことをすっかり忘れ、もう一人に献身しなければならない」(『生きる意味を求めて』)

右に記したアドラーの言葉をどう感じますか。アドラーの言うような関係をパートナーと構築するのは容易でないことがわかると思います。一方だけが献身的でもうまくいきません。難しいのは双方が揃って互いを理解し共同体感覚を身につけることなのでしょう。

人生の敗者と感じないために

以上、Chapter5では人生の3つの課題についてふれてきました。共同体生活、仕事、愛、いずれかの課題のみ達成すればよい、というものではありません。**1つの課題の失敗は必ず他に影響を及ぼします**。

「もし、彼がすべての人の友になり、有益な仕事と幸せな結婚によって彼らに貢献することができるならば、彼は決して他者に劣ると感じないであろうし、また負けたとも感じないであろう」(『人生の意味の心理学』)

すでに私たちは取り組むべき課題を知っています。またそれらに取り組む際も共同体感覚で接することを知っています。あとは勇気を持って一歩踏み出すだけです。

家庭は最小単位の共同体

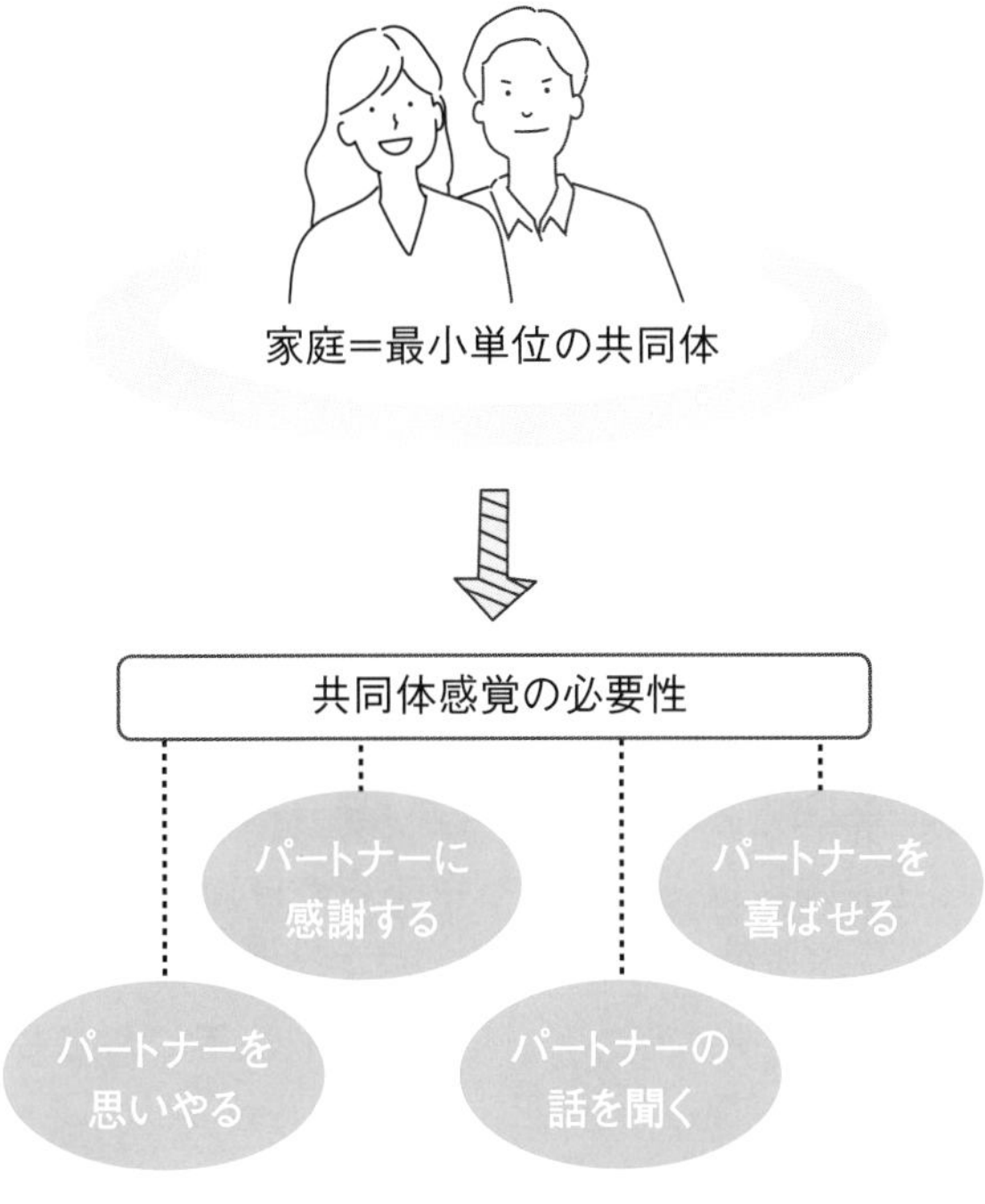
家庭＝最小単位の共同体
共同体感覚の必要性
パートナーに感謝する
パートナーを喜ばせる
パートナーを思いやる
パートナーの話を聞く

すべての人と友達になり、有益な仕事と幸せな結婚をして、共同体に貢献すれば、他者に劣ると感じることはない。

Column

子供の扱いがうまかったアドラー

アドラーは非常にユーモアに富み、また子供の扱いがとても上手な人でした。以下は『アドラーの思い出』に収録されているエピソードです。

ある日アドラーは、アムステルダムの銀行家の奥方で友人でもあるF夫人の家に招待されました。その日招待された人々は、一度街に出て、それから軽食をとりにその家にまた戻ってくることになっていました。5歳くらいの坊やは留守番で、彼らが出かける際には、「行ってらっしゃい」と言って彼らを見送りました。

しばらくして皆がF夫人の家に戻ってきました。するとどうでしょう。皆でお茶を飲もうとしていた居間の床に、おもちゃがところ狭しと散らかっています。足の踏み場もないとは、まさにこのような状況です。もちろんあの坊やの仕業です。

上気したF婦人は今にも坊やを叱りつけんばかりの勢いです。するとアドラーが坊やに近づいてこう言いました。

「上手におもちゃを広げたね。同じように上手におもちゃを集められるかな？」

すると1分もたたないうちにおもちゃは元あった棚にかたづけられました――、とその場に居合わせた精神科医エルベール・シャフェが語っています。

Chapter

6

今を生きる“武器”としての「勇気の心理学」

不適切なライフスタイルに気づかせ、新しい目標と取り組み方を一緒に考えて、相手が一歩踏み出すよう勇気づけるのがアドラー心理学です。アドラーが示した生き方はわれわれを大いに勇気づけます。

Theme 1

アドラーが採用した心理療法とはどのようなものか

アドラーの心理療法は、関係・目標・洞察・再方向づけの手順をとりました。それはクライエントに新しい枠組みを示す「勇気の心理学」でした。

目標達成の新しいテクニックを生み、生きる勇気を与える

第一次世界大戦後の1919年、荒廃したウィーンでは社会民主党が政権を握り、アドラーは市政改革の一環として、「教育制度が心理学の知識を利用できるようにすること」(『子どもの教育』)を目指す教育改革を提唱しました。**アドラーの活動は問題行動のある子供について、本人はもちろんその親と教師、そして心理学者がともに話し合う児童相談所の設置として実を結びます。**

児童相談所のカウンセリング手法はなかなかユニークなものでした。まず、特定の日に心理学者と教師が集まり、教師が持参した、問題を抱える子供たちのケースについて議論します。討論を通じて子供に対して何をすべきか結論を得ます。

次の集まりではその子と親が参加します。まず親になぜ子供が不適切な行動をとるのかを説明し、さらに親と議論します。最後に子供をその場に招き、優しい態度と子供にもわかる言葉で、子供の問題とその原因を解説して、新しい目標と問題の解決方法を示します。以上の子供と親を交えたカウンセリングは、すべて公開の場で行われました。

59ページで紹介した教師に消しゴムを投げつける少年ウィリの事例を思い出してください。このカウンセリングもやはり公開の場で行われたものでした。

アドラーが実践した心理療法の一般手順

アドラーが採用したカウンセリングの一般手順を単純化すると次のようになります。

①関係：クライエントと良好な関係を築く
②目標：クライエントの私的論理と隠された目標を見つける
③洞察：右記についてクライエントが理解するのを助ける
④再方向づけ：クライエントがよりよい目標を見つけるのを手伝う

その人が持つ不適切なライフスタイルを分析し、より適切なライフスタイルの再構築を手伝うことが、アドラーの心理療法の最大の眼目です。

その心理療法の特徴は、「患者は、自分の人生から材料を提供し、精神科医は、解釈と勇気づけを与え」（『アドラーのケース・セミナー』）ることであり、「気付いていない人に教えること、迷った人を導くこと、勇気をくじかれている人を勇気づけること」（フーバー、ホルフォード『初めてのアドラー心理学』）という点にありました。

いわばクライエントに新しい枠組みを示して生きる勇気を与える心理学――。

アドラー心理学が「勇気づけの心理学」、さらに縮めて「勇気の心理学」とも呼ばれるゆえんです。

アドラーの心理療法

①関　係

クライエントと
「よい関係」を築く

↓

②目　標

クライエントの私的論理と
隠された目標を見つける

私的論理

隠された目標

↓

③洞　察

上記のものをクライエントが
理解するのを助ける

↓

④再方向づけ

クライエントがよりよい
目標を見つけるのを手伝う

新しい目標

私の心理療法は勇気をくじかれている人を勇気づけることなのだ。だから「勇気の心理学」なのである。

Theme 2

アドラーが用いた勇気づけとはどのようなものだったのか

「ほめる」ことが「勇気づけ」だと解釈するケースをよく見かけます。しかしアドラー心理学の「勇気づけ」は「ほめること」と一線を画します。

ほめることを、勇気づけと勘違いしない

「個人心理学は、子どもたちに、もっと勇気と自信を与えることで、また、子どもたちに困難は克服できない障害ではなく、それに立ち向かい征服する課題であると見なすよう教えることで、すべての子どもたちについて、その精神的な能力を刺激する努力をすることを主張する」（『子どもの教育』）と、アドラーは言います。

では、どうすれば人を勇気づけられるのでしょうか。勇気づけの具体的な手法として、一般に私たちは「ほめる」ことが重要だと考えています。このような話があります。

初めて飛行訓練を受けるメンバーを、無作為に2つのグループに分けます。そして、一方のグループには、「キミたちは優秀だから短時間で、飛行技術を習得できるだろう」と教官が言います。これに対してもう一方のグループには、「キミたちは能力がやや劣るため飛行技術を習得するには時間がかかるだろう」と伝えます。

その上で実際に飛行訓練を始めると、優秀だと言われたグループは、能力が劣ると言われたグループよりも、本当に短時間で飛行技術を習得することに成功しました。

これは実際にあった話で、「ほめる」ことや「けなす」ことによる効果を示しています。このように人が期待された効果を出す傾向をピグマリオン効果と呼びます。

「ほめて育てる」は正しいのか

「ほめて育てる」という言葉があるように、人間の成長にほめるという行為は欠かせないように見えます。しかし相手をほめるとは、縦の人間関係で生じる行為です。ほめることで私たちは上から目線で相手を見るからです。

また、ほめられる側に害が及ぶ懸念もあります。それは賞讃を報酬と受け止めるようになる危険性があるからです。これだと賞讃という報酬を得るために行動するようになり、その人はほめられないと不機嫌になったり不安になったりします。

以上から、ほめること以上に問題なのがいわゆるご褒美だということがわかるでしょう。「今度テストで満点とったらゲームソフトを買ってあげる」などの約束を子供にする親がいます。しかしこれだとゲームソフトという報酬のために勉強するのであって、物的な報酬がなければ勉強しない子を作ることにもなりかねません。

アドラー心理学では相手と対等の立場、相手の立場に身を置くことが基本です。いわば横の人間関係です。この関係を前提にした場合、**相手をほめるのではなく感謝の気持ちを表明することこそが重要になります**。ほめるのが全面的に悪いわけではありません。しかしほめ言葉は慎重に使うべきで、それ以上に感謝の気持ちを表すほうが好ましいのです。

「ほめる」と「勇気づける」の違い

ほめる
報酬になる
さすがだね
よくやった!!
ほめられる
ために今度も
ガンバルよ!
勇気づける
正しい目標へ
背中を押す
こんなに成果が
上がって私もみんなも
大喜びだよ!
よーし、
みんなのために
今度もガンバロウ

勇気づけの本質は相手への感謝の気持ちだ。
勇気づけは相手を正しい目標へと背中を押す
行為でもあるのだ。

Theme

3

甘やかしから人を解放する「自然の結末」とは何か

甘やかされた子供が大人になると社会で最も危険な層に属します。子供を過保護にせず、自分の行動の結果を自分で体験させることが大切です。

甘やかされた子供を作らないための処方箋

前にもふれましたが、アドラーは甘やかされた子供の弊害をことあるごとに指摘しました。親ならば誰しも可愛い我が子が困った目に遭わないでほしいと願うでしょう。しかし、これが子供の甘やかしにつながります。このような場合、親は自分の課題と相手の課題（子供の課題）を峻別《しゅんべつ》しなければなりません。

自分の課題と相手の課題を見分けるのは簡単です。

その課題に取り組まなかったときに被害を受けるのは誰なのかを考えれば、どちらの課題なのかを容易に特定できます。

そして課題が自分のものならば、他の誰かに干渉されないようにします。また、その課題が相手のものならば、たとえ親でも足を踏み入れないようにします。これが自分の課題と相手の課題を峻別する態度です。

子供が困ったら可哀想でしょう。しかし**親は相手（子供）の課題に立ち入らない勇気を持たなければなりません。**

アドラーの児童相談所に親に不服従な子供の相談が寄せられました。ミルトンという5歳半の男の子は、カーテンを引き落としたり皿を割ったりし、また何かを禁止されると過呼吸を起こします。母親は彼を甘やかし、いまだ衣服の着替えを手伝っていました。

「お子さんは自分で服を着るべきでは」

と、アドラーがその母親に言いました。すると母親はこう答えました。

「自分で着替えると時間がかかりすぎて学校に間に合いそうもありません」

これに対してアドラーはこう言います。

「もしあの子が学校に遅刻したなら、自分なりに遅れたことの結果で苦しむようにさせればいいのです」（『アドラーのケース・セミナー』）

親は勇気を持って、子供に自然の結末を体験させる

これが相手の課題に踏み込まない態度です。そして子供が自分の行動の結末を自ら体験することが**自然の結末**にほかなりません。**子供は自然の結末を体験することで、自分の課題を自分自身で解決するようになります**。

困難は子供の勇気をくじくように見えます。しかし困難に遭わせないようにするほうがより問題です。

もし本書の読者で、これから親になる方、あるいは小さなお子さんを持つ方は、子供に自然の結末を体験させるよう、親自身が勇気を持たなければなりません。

「自然の結末」を体験させる

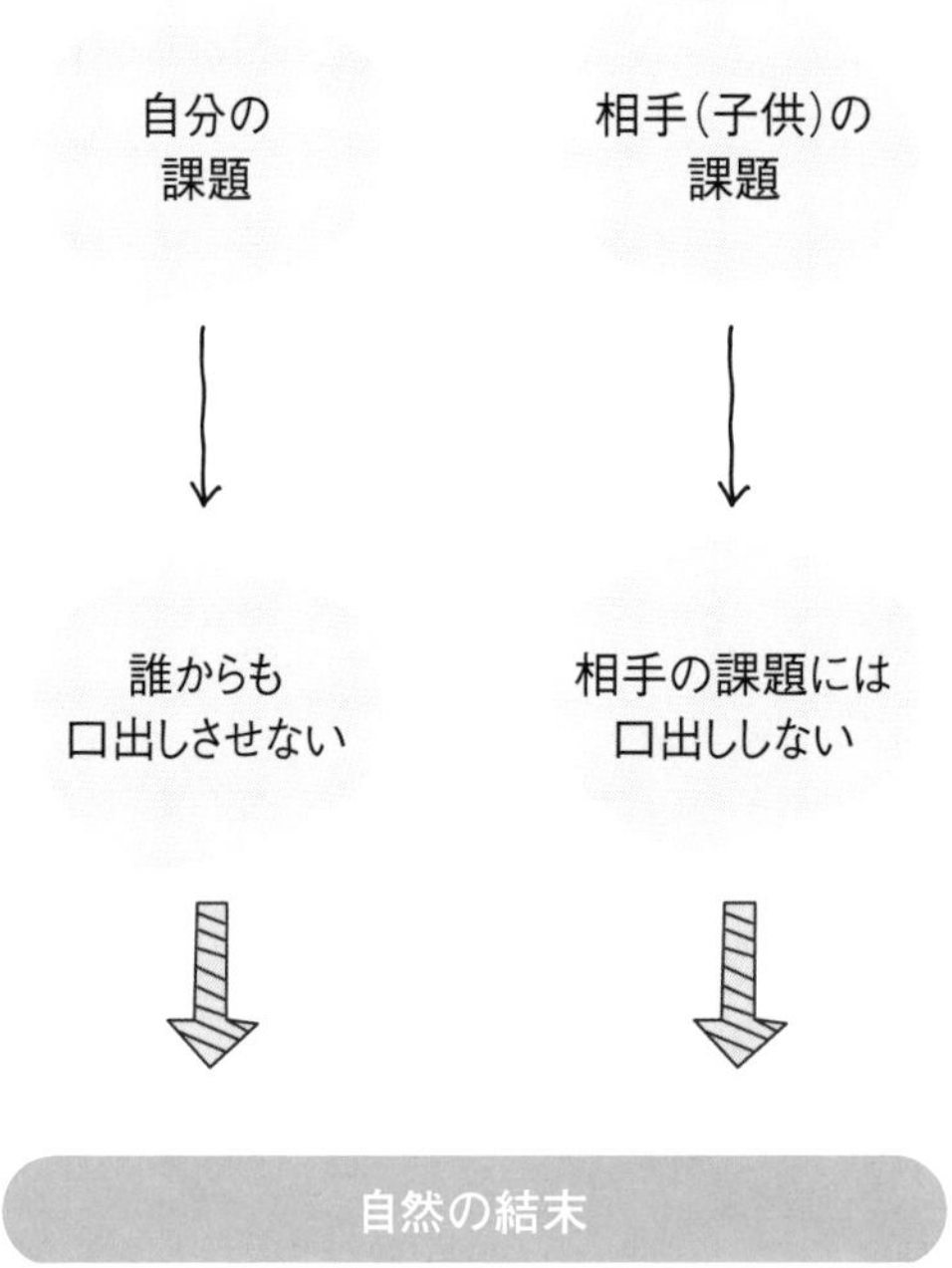

子供は自然の結末を体験することで、課題を自分で解決するようになる。そのためには親が勇気を持つことが大切だ。

Theme 4

「勇気くじき」にはどのようなタイプがあるのか

人格の否定や過去の詮索も相手の勇気を大きくくじきます。人は知らないうちにこうした行為に及びますから、慎重に回避しなければなりません。

人格を否定すること、原因を追及すること

前節で見た甘やかし以外にも相手の勇気をくじく行為があります。その中で、ここでは人格の否定と過去の詮索《せんさく》を取りあげましょう。

職場の上司が権力を笠に着て部下に対するパワーハラスメントでは、人格の否定が頻繁に行われます。これは人身攻撃論法とも呼ばれるもので、問題それ自体を議論するのではなく、問題と関連する「人」の知性や性格、性別あるいは家柄などを攻撃する態度です。「だから二流大卒はダメなんだ」「だいたい性格が女々しいから客に嫌われるんだよ」「女のお前には責任が重すぎたんだな」――。

人格の否定は相手の勇気をくじくのに効果があるだけで、モチベーションを高める効果は期待できません。行為と人格は別物です。**何らかの行動の結果に問題がある場合、行為に焦点を絞って検討すべきです**。その際、相手と対等の立場で、相手の尊厳を守りながら議論を尽くすべきです。

また、相手の不適切な行動を改善する場合も、相手の勇気をくじかないような配慮が必要です。特に過去の詮索ばかりしていると、相手の勇気を大きくくじきます。

過去の詮索とは、不適切な結果の原因がどこにあるのかを追及することです。確かに過

去に焦点を当てて問題の原因を探ることも大切です。しかし、もはや過去は変えられません。過去にこだわるのは決定論的態度と言わざるを得ません。

未来を変えるのは、今現在だけにかかっている

アドラー心理学では、その人が持つ目的や目標に従って行動し結果に至る、と考える目的論の立場をとりました。

したがって、相手の不適切な行動を正す場合も、アドラー心理学流のアプローチでは、過去の詮索よりも、正しい目標を設定して、そこに至るための正しい取り組み方を、相手とともに考えることを重視します。

「二人で一緒に新しい目標――それはいつも活動的な人間主義の目標なのですが――を設定し、個人のニーズに完全に沿った、目標達成のための新しいテクニックを創り出す」（『アドラーのケース・セミナー』）ことこそが、アドラー心理学の勇気づけにほかなりません。

繰り返しになりますが、過去はもう変えられません。変えられるのは未来だけです。そしてその未来を変えようと思えば、**今現在**の行動を変えねばなりません。

したがって**アドラー心理学の勇気づけとは、今現在を正しい目標に向かわせること、とも言い換えられるわけです。**

勇気をくじく言葉

絶対に
あり得ない
選択肢を狭めて
思考停止になる
前にもやって
失敗した
前に失敗したから
今回も失敗するとは限らない
時期尚早

そう言う人が時代のスピードに
ついていけていないのかも
前例が
ない
これでは新しいことが
一切できない

確かにいいアイデアだ。でも実現は無理だよ……。おっと「確かに〜しかし」を使ってしまった。勇気をくじく言葉にご用心を。

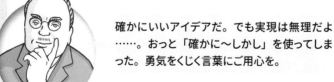

Theme
5

自分自身を勇気づけるにはどうすべきか

人は誰しも気分がふさいだり抑うつ気味になったりします。そんなときは、ものの見方を少し変えることです。「ものの見方」は全くの虚構なのですから。

起こりにくい出来事を深刻に考えない

今、統計学が静かなブームです。この統計学に検定という考え方があります。これは仮説の可能性があり得るかを確率で考える手法を指します。

たとえば確率分布を標準正規分布と考えると、標準偏差がプラスマイナス1・96の範囲に、起こり得る現象の95%が含まれます。そして一般的には、検定する仮説が残り5%に属する場合、発生しにくい現象として棄却します。ちなみにこの5%（厳しい場合は1%）を統計学では棄却域と呼びます。

5%の棄却域の出来事とは、何かを100回実行して5回しか起こらない現象です。たまたま生じた失敗や将来に対する不安も、その多くは5%棄却域に入っているものだと考えてみてください。仮に**5%棄却域で発生した出来事、または発生するかもしれない出来事を根拠に、残り95%について考えるのは、統計学的に見て合理性を欠いた態度と言わざるを得ません。**

5%棄却域の出来事も、深刻に考えると頻繁に生じる現象のように思えてきます。逆に冷静に考えると、そうそう起こらない現象としてとらえることができます。実際、現代の統計学はこのような態度で5%棄却域の出来事を取り扱っています。

このように、同じ出来事でも少し見方を変えると全く逆の結論に至ることが多々あります。この点に関して、私の頭に浮かぶのは、74ページでもふれた子午線です。アドラーは、子午線は実際に存在するものではないけれど非常に役立つものだと述べました。その上で、子午線のような虚構または仮定が、存在しないにもかかわらず、人間はその存在を確信するものだとして、次のように言っています。

「それでもわれわれがそうするのはただ、人生というカオスのなかで方向、、、を定めるためであり、計算を始められるためである」(『人間知の心理学』)

見方を変えれば人生は変わる

アドラーが言う虚構や仮説を、人生の目標やライフスタイルに置き換えてみてください。設定する目標やライフスタイルによって、人生というカオスを生きる方向が決まります。しかしそれは虚構のものですから、取り替えることが可能です。そして**ほんの少し(たとえば角度1度だけでも)方向を変えるだけで、私たちは以前とかけ離れたゴールにたどり着けます**。

勇気を持って人生の見方を少しだけ変えてみましょう。そこには劇的な変化が生まれるはずです。

5%棄却域

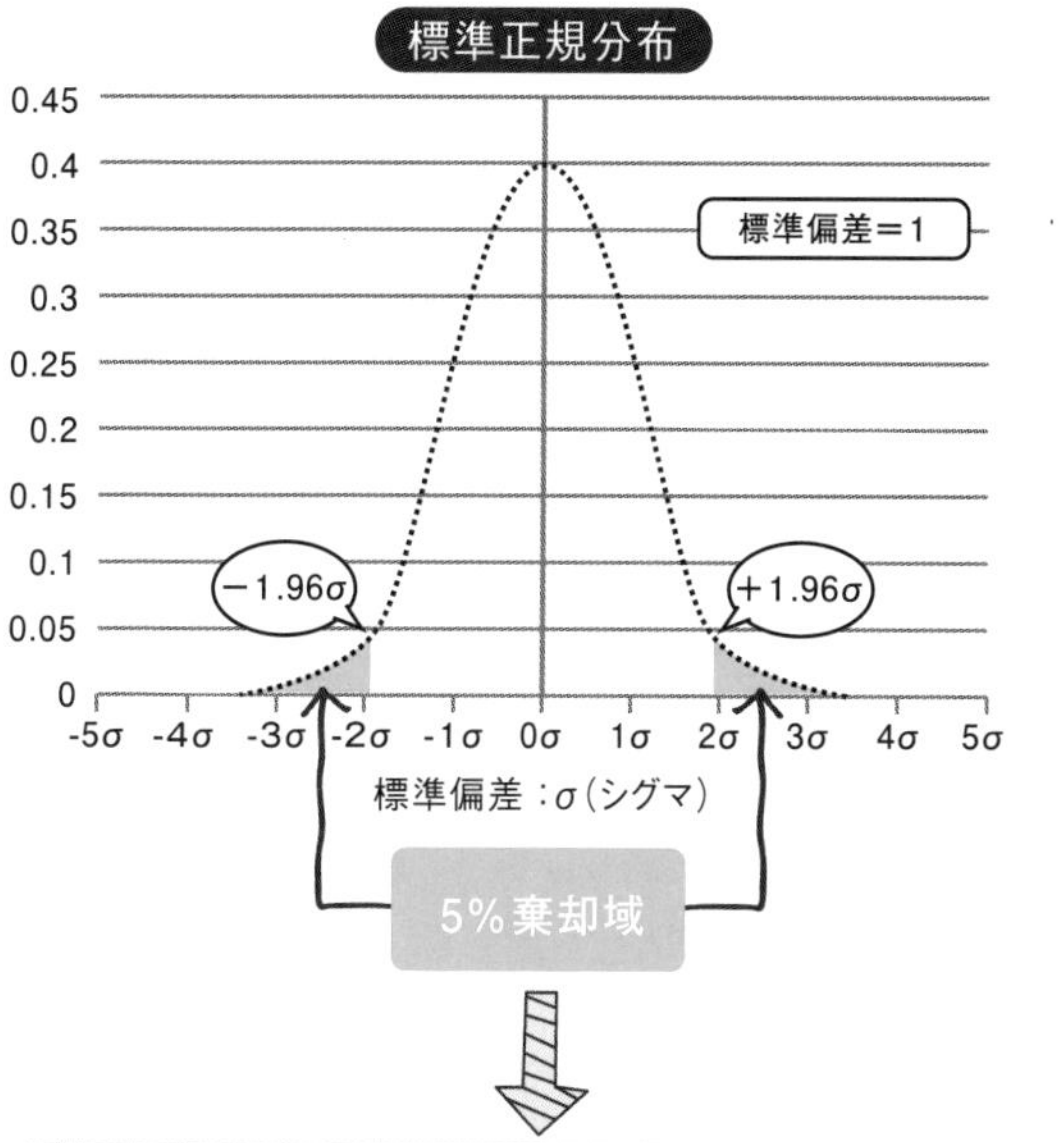

仮説の起こる可能性が棄却域に含まれる場合、
その仮説は起こる可能性が低いものとして棄却する。

棄却域の出来事にクヨクヨしたり不安がったりしていても仕方がない。物事はネガティブではなくポジティブな態度で考えるのが重要なのだ。

Theme 6

結局、人生の意味とは何なのか

共同体への貢献という人類共通の行為を通じて、それぞれの人生の意味を見出す――。これがアドラーの言いたかった人生の意味に違いありません。

選択に違和感があれば、勇気を持って何かを変えろ

「人生の意味とは何ですか？」との問いにアドラーはこう答えました。
「誰にでも当てはまるような人生の意味などありません。人生の意味とは、自分が自分の人生に与えるものです」（マナスター他編『アドラーの思い出』）

アドラーのこの言葉を読むとき、私はアップルの共同創業者スティーブ・ジョブズを思い出さずにはいられません。ジョブズは2005年に行ったスタンフォード大学の卒業祝賀スピーチで次のように述べました。

「私は毎朝鏡に映った自分の顔を見ながら自問してきた。『もし今日が人生最後の日ならば、今日やろうと思っていることを本当に実行するだろうか？』。その答えが『ノー』という日が何日も続くならば、何かを変える必要がある。

人はやがて死ぬ。これを忘れずにいることは、人生で大きな選択をする際の助けになる最も重要な手法だ。というのも、ほとんどすべてのもの――周囲の期待、自尊心、恥や失敗への恐怖――こうしたものは死を前にすると雲散霧消《うんさんむしょう》するからだ。残るのは本当に重要なものだけだ」

自分の人生に意味を持たせたいのならば、勇気を持って何かを変えろ――。これがジョ

ブズのメッセージです。そして、その人が**死ぬ間際に自分の人生について後悔することがなければ、その人生はその人にとって意味あるものだったのでしょう。**

貢献こそ真の人生の意味である

リーダーシップ論で著名な経営学者ウォレン・ベニスは、リーダーシップの本質を「自分自身になること」すなわち、「自分の中のもっともいきいきとした部分、もっとも自分らしい部分を見つけ、育てること」(ベニス『リーダーになる』)だと喝破しました。

ただし、アドラーの思想を追ってきた私たちは、自分らしい部分を見つけるだけでは不十分であることをすでに知っています。その**自分らしい部分で共同体に貢献することによって、私たちは自分自身を回復し、人生の意味を実感できるはずです。**

そんな自分の顔を鏡に映し、「もし今日が人生最後の日ならば、今日やろうと思うことを本当に実行するだろうか?」と問うたら、答えはきっと「イエス」となるに違いありません。

アドラーは「貢献こそ真の人生の意味」(『人生の意味の心理学』)とも言いました。冒頭の言葉とは矛盾しますが、要するに共同体への貢献という共通行為を通じて、それぞれが異なる人生の意味を見出すこと、この点をアドラーは言いたかったに違いありません。

「死ぬ間際」の答え

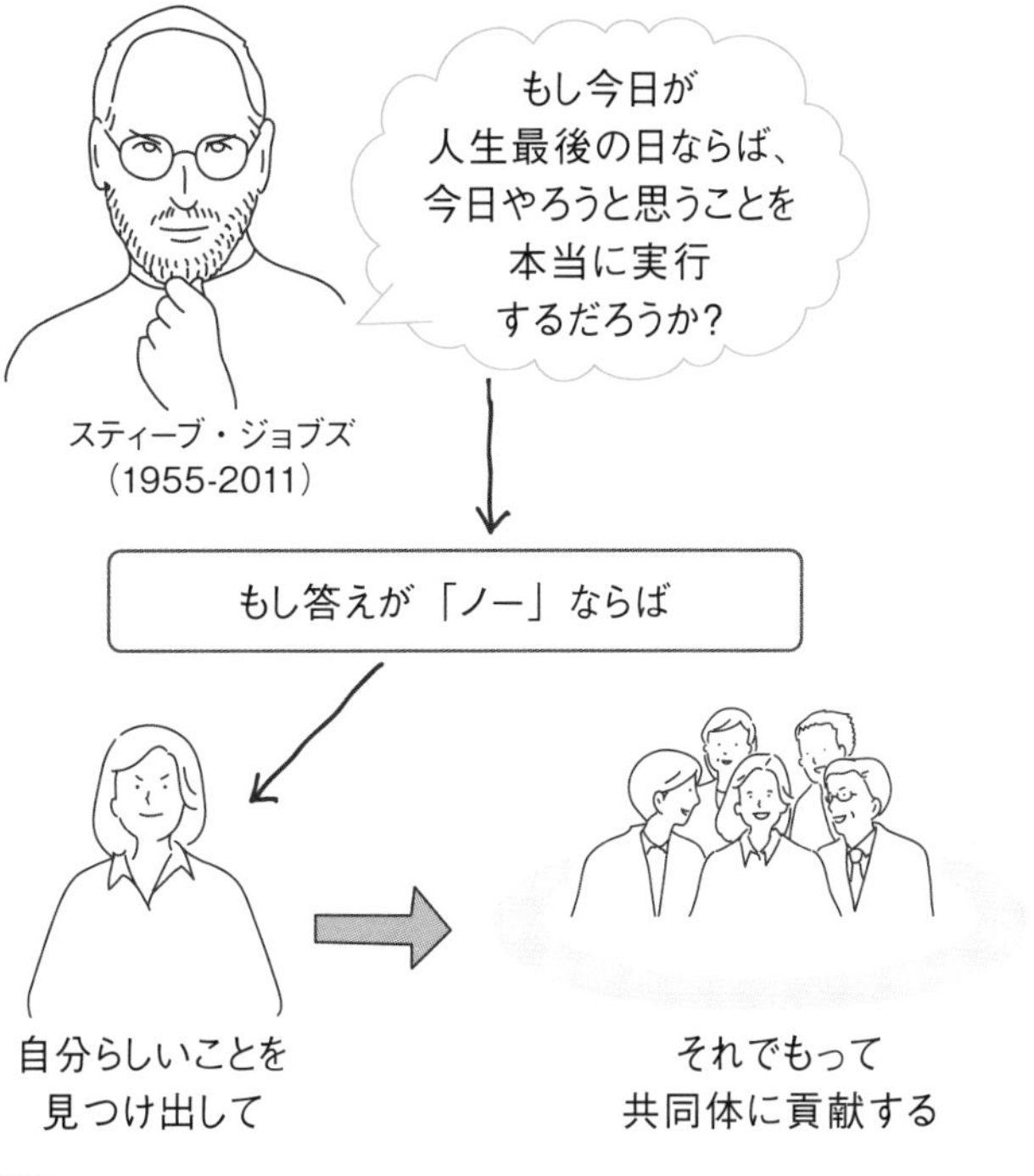
もし今日が
人生最後の日ならば、
今日やろうと思うことを
本当に実行
するだろうか？
スティーブ・ジョブズ
（1955-2011）
もし答えが「ノー」ならば
自分らしいことを
見つけ出して
それでもって
共同体に貢献する

人生の意味とは貢献である。貢献することでそれぞれが自分の人生に意味を与えるのだ。

Theme 7

アドラー心理学で「地球人」になる

共同体感覚を押し進めていくと世の中から戦争はなくなるでしょう。いまだ紛争が続く地球は、アドラーの主張を実践する勇気が求められています。

共同体感覚が平和の礎になる

第一次世界大戦中の1917年、アドラーはオーストリア＝ハンガリー帝国の軍医としてギリンツィングの病院で兵士の治療にあたっていました。この休暇中にアドラーは友人を訪ね、共同体感覚の重要性を初めて説いています。アドラーが戦時中に共同体感覚の重要性に気づいたのは、この空虚な破壊行為を徹底して憎んだからにほかなりません。

ある日、アドラーが戦争を始めたオーストリアの政治を痛烈に批判すると、ある人物がアドラーの国家批判を非難しました。するとアドラーはこう答えたと言います。

「私たちは皆仲間です。どの国の人であってもコモンセンスのある人なら同じように感じました。この戦争は私たちの同胞に対する組織的な殺人と拷問である、と。どうしてそれを望まないことがいけないことでしょう？」（ホフマン『アドラーの生涯』）

言うまでもありませんが、アドラーが言う同胞とはオーストリア国民のみを指しているわけではありません。人類全体を指しています。

前章でふれたように共同体にはレベルが存在します。すでに私たちは私的論理よりもコモンセンスが優先することを知っています。ですから、自分にとって正しい論理も、パートナーとの共同体にとって不適切ならば修正しなければなりません。また、家庭の論理も地域コミュニティといったより上のレベルから見て明らかに不適切な場合、やはり態度は修正しなければならないでしょう。また、地域にとってよかれと思った論理も、国家レベルから見ると明らかに不適切ならば、やはり修正が必要になります。

このように**常に上のレベルの共同体が持つコモンセンスに思いを馳せれば、現在の態度が適切かそうでないのかを検証できます**。そしてこの作業を地球というレベルから行えば、世界から戦争はきれいさっぱりとなくなるでしょう。

実行できるか否か、試される現在の私たち

奇しくも今、ロシアがウクライナに侵攻し、ヨーロッパは第一次世界大戦前に似た緊張の中にあります。また現在の日本を見れば、お隣の中国や北朝鮮との関係が、やはり大戦前のごとく不穏です。しかしこれらの問題も地球人が持つべき共同体感覚を前提にして互いを理解し合えば、解決不可能ではありません。

アドラーは言いました。

「**もし人生が、こういうふうに、自立的な個々の人間たちの協力として取り組まれるならば、われわれ人間の社会の進歩に限界は見られないのである**」(『人生の意味の心理学』)

今、私たち地球人は、アドラーの言葉を実践できるか否かを厳しく問われています。

こうすれば戦争もなくなる

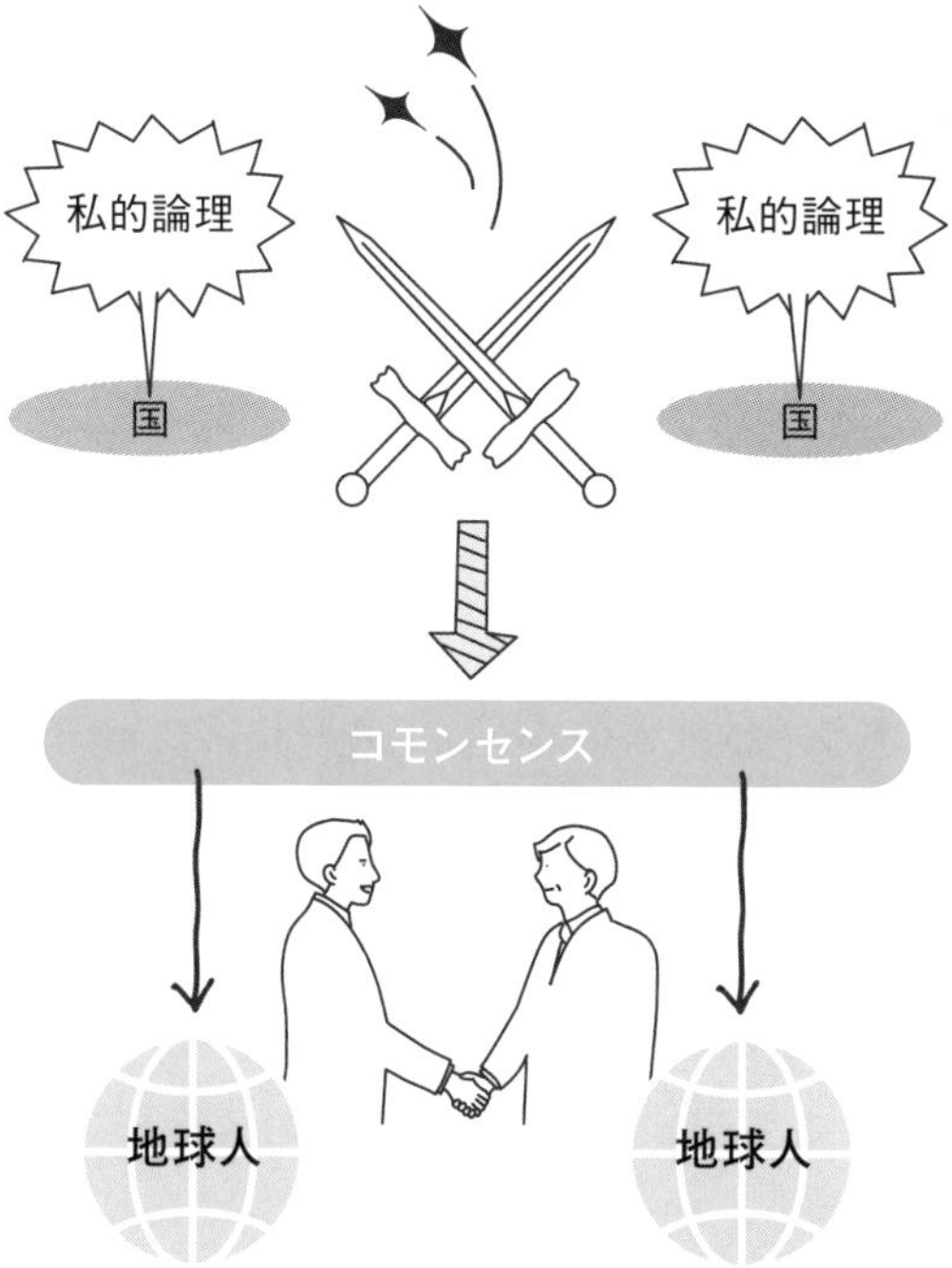

共同体感覚で互いが理解し合えば、戦争など地球上から消滅する。人類は地球人としての共同体感覚を持つことが望まれているのである。

Column

アドラーとニジンスキー

ヴァスラーフ・ニジンスキーは伝説のバレエダンサーとして今も語り継がれている人物です。1890 年に生まれたニジンスキーは、1909 年にセルゲイ・ディアギレフ率いるロシア・バレエ団に入るとめきめき頭角を現し、すぐに第 1 ダンサーのポジションを確保しました。

しかし 29 歳のときに神経衰弱を患いダンサーのキャリアをあきらめ、以後、入院生活を送ります。アドラーはニジンスキーの妻ロモラからの依頼で、ベルビュ精神病院にいるニジンスキーを訪ねました。1934 年 5 月のことです。その頃のニジンスキーは何事にも無関心で妻のロモラにさえも語りかけませんでした。アドラーは無言のニジンスキーに、ウィーンに来て自分の治療を受けるよう説得しました。

ニジンスキーはアドラーに関心を持ったようです。しかし、時折微笑むだけで、結局ウィーン行きは破談となりました。ただ、この面接から数週間後、闘病生活が始まって以来、ニジンスキーは初めてクラシック音楽を楽しむ態度を見せるようになったと言います。その後ニジンスキーはさらに 16 年生きましたが回復することはありませんでした。

のちにアドラーは「わたしに十分時間があったなら、彼の役に立てたと思うのですが」（マナスター他編『アドラーの思い出』）と述べたと言います。

おわりに

私は学生時代にルドルフ・シュタイナーの神智学に興味を持っていた関係で、カール・グスタフ・ユングの集合無意識論にふれ、さらにその関連でアルフレッド・アドラーのアドラー心理学にも遭遇しました。今から40年ほど前のことです。もっとも遭遇とは言いすぎで、高尾利数訳『人生の意味の心理学』（春秋社）にふれた程度に過ぎません。「かすった」というのが正しいでしょうか。

哲学科の落ちこぼれだった当時の私は、人生の先行きに漠然とした不安を抱いていました。それを振り払うがごとく、彼女や自動車（68年式ビートル）、それに生花店でのアルバイト（ここで現在の奥さんと知り合ったのは最大の幸運でした）にうつつを抜かしていたように思います。そんな私が執筆業で生計を立てるとは当時考えたことすらなく、ましてや、まさかアルフレッド・アドラーで1冊の本を書くとは夢想さえしませんでした。人の人生とはどう転ぶものなのかわかりません。

今回本書を執筆するにあたり、久しぶりにアドラーの著作にふれました。40年前と現在の社会が徹底的に異なるのは情報通信基盤のあり方です。当時はインターネットどころか携帯電話すらない時代です。そして劇的に進展したインフォメーション・テクノロジーの時代に、ＳＮＳに象徴されるがごとく、人は人との結びつきを強く求めています。「はじめに」でも書いたように、これは個人主義が進展する中、共同体生活から逃れられない我々が社会とのつながりを強めることで自己回復を追求する結果なのでしょう。このような中で、アドラー人気が生じたのは決して偶然ではないのかもしれません。

本書をきっかけにアドラーの原典にふれてみたい、という方もいらっしゃるでしょう。ならば、本書でも何度も取りあげた『人生の意味の心理学』がお薦めです。本書では私の思い入れから、高尾利数さん訳の同書を用いましたが（『人間知の心理学』についても高尾さん訳）、現在、岸見一郎さんによる新訳がアルテから出ています。

本書はアドラーの著作・訳書に加え、先輩諸氏の著作がなければ執筆は不可能でした。皆様には心よりお礼を申し上げます。もとより筆者はアドラーを専門とする者ではありません。客観的な立場での執筆に努めましたが、浅学に対するご意見・ご指摘に真摯に耳を傾けたいと思っております。

最後に、本書執筆という機会を与えてくださったＧａｋｋｅｎの倉上実さんに、心より感謝いたします。

筆者識す

参考文献

アドラーのケース・セミナー／アルフレッド・アドラー（岩井俊憲　訳）／一光社／ 2004

個人心理学講義／アルフレッド・アドラー（岸見一郎　訳）／一光社／ 1996

子どもの教育／アルフレッド・アドラー（岸見一郎　訳）／アルテ／ 2014

人間知の心理学／アルフレッド・アドラー（高尾利数　訳）／春秋社／ 1987

人生の意味の心理学／アルフレッド・アドラー（高尾利数　訳）／春秋社／ 1984

生きる意味を求めて／アルフレッド・アドラー（岸見一郎　訳）／アルテ／ 2007

アドラー心理学への招待／アレックス・L・チュウ（岡野守也　訳）／金子書房／ 2004

初めてのアドラー心理学／アン・フーバー、ジェレミー・ホルフォード（鈴木義也　訳）／一光社／ 2005

アドラー心理学によるカウンセリング・マインドの育て方／岩井俊憲／コスモス・ライブラリー／ 2000

勇気づけの心理学／岩井俊憲／金子書房／ 2011

どうしたら幸福になれるか（上・下）／ W. B. ウルフ（周郷博　訳）／岩波書店／ 1961

リーダーになる／ウォレン・ベニス（伊東奈美子　訳）／海と月社／ 2008

アドラーの生涯／エドワード・ホフマン（岸見一郎　訳）／金子書房／ 2005

アルフレッド・アドラー　人生に革命が起きる 100 の言葉／小倉広／ダイヤモンド社／ 2014

アドラー　人生を生き抜く心理学／岸見一郎／ NHK ブックス／ 2010

嫌われる勇気／岸見一郎、古賀史健／ダイヤモンド社／ 2013

完訳７つの習慣／スティーブン・R・コヴィー
（フランクリン・コヴィー・ジャパン　訳）／キングベアー出版／ 2013

人を動かす／D・カーネギー（山口博　訳）／創元社／ 1999

悩める人の戦略的人生論／中野明／祥伝社／ 2012

アドラー心理学入門／H・オグラー（西川好夫　訳）／清水弘文堂／ 1977

［新訳］経営者の条件／P．F．ドラッカー（上田惇生　訳）／ダイヤモンド社／1995

明日を支配するもの／P．F．ドラッカー（上田惇生　訳）／ダイヤモンド社／ 1999

コーチングの神様が教える「前向き思考」の見つけ方／
マーシャル・ゴールドスミス、マーク・ライター（斎藤聖美　訳）／日本経済新聞出版社／ 2011

アドラーの思い出／G. J. マナスター、G. ペインター、D. ドイッチュ、B. J. オーバーホルト
（柿内邦博、井原文子、野田俊作　訳）／創元社／2007

クリティカルシンキング 入門編／E. B. ゼックミスタ、J. E. ジョンソン
（宮元博章、道田泰司、谷口高士、菊池聡　訳）／北大路書房／1996

アドラー心理学の基礎／R・ドライカース（宮野栄　訳、野田俊作　監訳）／一光社／ 1996

勇気づけて躾ける／ルドルフ・ドライカース、ビッキ・ソルツ（早川麻百合　訳）／一光社／ 1993

アドラー心理学入門／ロバート・W・ランディン（前田憲一　訳）／一光社／ 1998

た行

な行

は行

ま行

や行

ら行

著者略歴

中野　明（なかのあきら）

ノンフィクション作家。

1962年、滋賀県生まれ。立命館大学文学部哲学科卒。同志社大学嘱託講師。心理学や哲学、美術、歴史、情報技術など幅広い分野で執筆する。

心理学系の著作に『図解　影響力の心理学』『図解　アドラー心理学の「幸せ」が1時間でわかる本』（Gakken）、『マズロー心理学入門』『人間性心理学入門』（アルテ）ほか多数。

装丁　萩原弦一郎（256）
イラスト　吉村堂（アスラン編集スタジオ）
本文デザイン・DTP　佐藤 純・伊延あづさ（アスラン編集スタジオ）

※本書は2014年7月刊行の書籍『図解　勇気の心理学　アルフレッド・アドラーが1時間でわかる本』（Gakken）の内容を改訂し、一部内容を加筆して新たに刊行したものです。

図解決定版
勇気の心理学　アルフレッド・アドラーが1時間でわかる本

2023年4月18日　第1刷発行

著　者 —— 中野　明
発行人 —— 土屋　徹
編集人 —— 滝口勝弘
編集長 —— 倉上　実
発行所 —— 株式会社 Gakken
〒141-8416　東京都品川区西五反田2-11-8
印刷所 —— 中央精版印刷株式会社

〈この本に関する各種お問い合わせ先〉
本の内容については、下記サイトのお問い合わせフォームよりお願いします。
https://www.corp-gakken.co.jp/contact/
在庫については　Tel 03-6431-1201（販売部）
不良品（落丁、乱丁）については　Tel 0570-000577
学研業務センター　〒354-0045 埼玉県入間郡三芳町上富279-1
上記以外のお問い合わせは　Tel 0570-056-710（学研グループ総合案内）